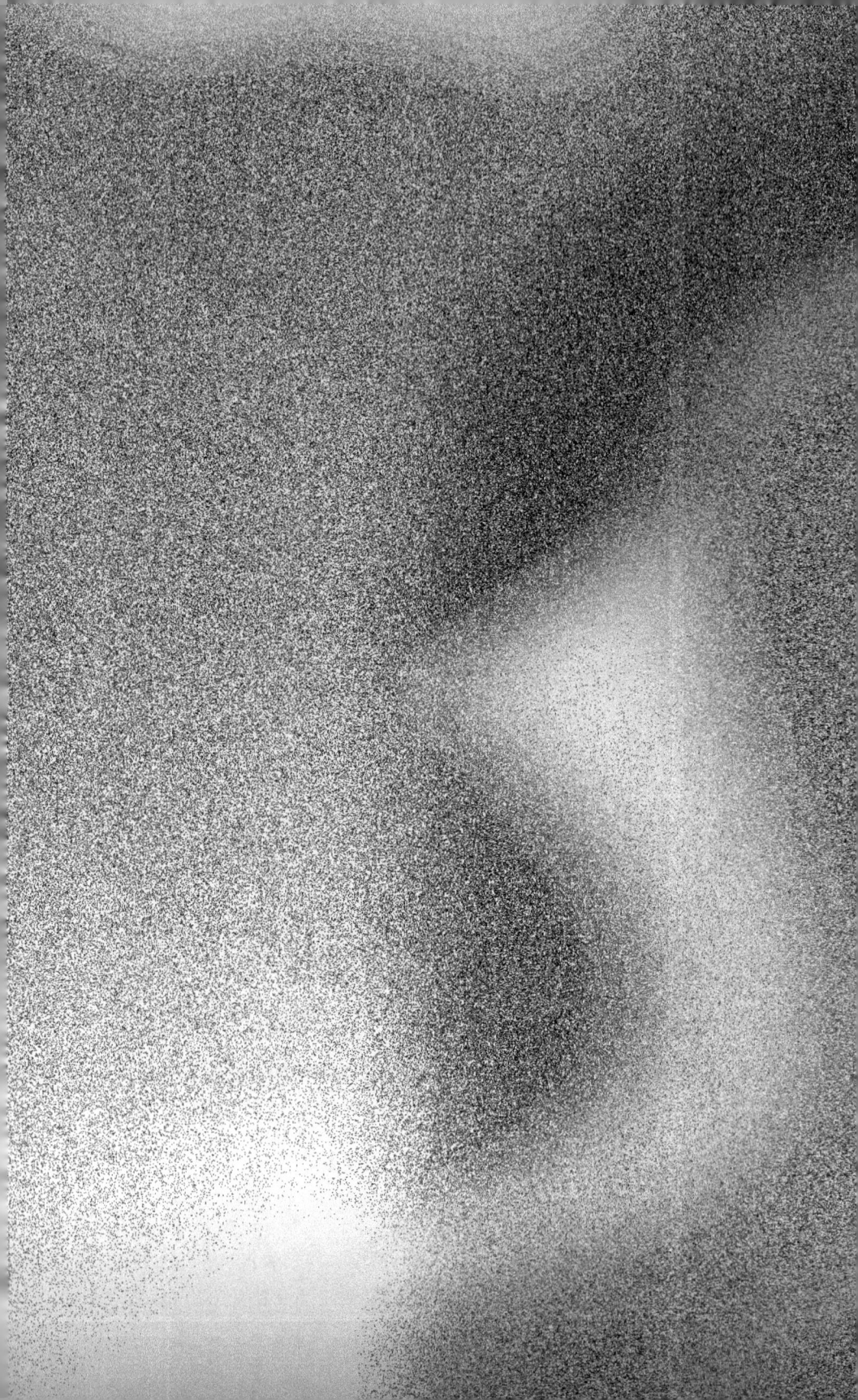

ISBN: 9798334857582

DE **JUNIOR** À **SÉNIOR**
EN UN TEMPS RECORD

Le guide du consultant TI pour évoluer, créer des liens professionnels et maîtriser les relations avec les clients

OLIVIER F. NORMANDIN

Indice

Préface 10

Introduction 12

1: Se préparer pour le succès 18
   La boussole : ta mission et vision 18
      La déclaration de mission 18
      La déclaration de vision 21
   Le chemin : comment choisir la bonne entreprise ? 24
      1. Réputation de l'entreprise 25
      2. Focus de l'entreprise 26
      3. Taille de l'entreprise 31
      4. Portée internationale 33
      Comment relier les 4 critères 35
   Tes outils : forces et faiblesses 37
      Autoévaluation honnête 38
      Compilation du *feedback* 43
   Un *sprint* vers ton premier succès 44
      Apprends une nouvelle compétence 45
      Sauve un projet en crise 45
      Identifie des petites victoires, mais urgentes ... 47
      Évaluer la pertinence de chaque projet 47
      Utiliser l'allocation des ressources à ton avantage 49
   Choisis tes batailles : trouve ton créneau 50
      Comment identifier les opportunités 50
      Acquérir de l'expérience 52

2 : Naviguer l'espace de travail 56
   Point de contrôle 56
      Checklist des six premiers mois 56
   Tous pour un et un pour tous : créer des alliances professionnelles 59
      Tableau des archétypes 60
   Soft skills pour le succès 61
      Les rois se couronnent à la machine à café 63

Faire des éloges dans le dos des gens	64
Vaincre la timidité en étant introverti	65
Conseils pour une communication efficace	67
Lire ton public	68
Deviens ami avec le monde de l'IT	**69**
Connais le lore de ton industrie	69
La confiance comme monnaie d'influence	**70**
L'art de donner	71
Le rôle thérapeutique	72
La discrétion, un atout important	72
Négocier comme un patron	**73**
Le timing est primordial	74
Établir et atteindre des objectifs concrets	75
Comment présenter ton cas	75
Gestion de crises	**77**
L'importance de déléguer : l'opérateur du 911	77
Comment déléguer avec succès	78

3: Arriver à bon port	**81**
Point de contrôle	**81**
Checklist des premiers 18 mois	82
Comment parler avec autorité sans paraître arrogant	**85**
Un allié stratégique : ton chef de projet	**88**
Ne crée pas de problèmes, résous-les	89
Quand céder et quand être flexible	90
Faire fructifier ton temps libre	**93**
Te préparer pour le débarquement	**94**
Remerciements	**96**

Préface

Quand Olivier m'a parlé de son idée pour ce livre, j'ai pensé qu'il devait déjà exister plusieurs ouvrages abordant les mêmes sujets. Pourtant, je n'en n'avais jamais vu, lu, ni entendu parler. Le service conseil n'étant pas une industrie nouvelle, il devait certainement exister un Playbook du consultant. Un livre fétiche que toutes les firmes de service conseil devraient fournir à leurs nouveaux employés dans le but d'accélérer leur ramp up et de mieux les préparer pour affronter les challenges inhérents à cette industrie. Et bien non. Il y a très peu de littérature existante qui met en lumière les différents patterns ainsi que les meilleures pratiques de cette industrie, et qui pourrait aider les nouveaux arrivants à intégrer ce milieu et à fasttracker leur développement. Mais pourquoi ?

Ayant moi-même passé la majorité de ma carrière à travailler pour des firmes de service conseil, et ayant collaboré avec un grand nombre de compagnies œuvrant dans différentes industries, j'ai constaté ce qui suit. Une portion des compagnies, celles qui se soucient de la formation et du développement de leurs employés, a tendance à réinventer la roue. Elles créent généralement du matériel de formation from scratch et, pensant que les situations qu'elles gèrent au quotidien sont très spécifiques à leur réalité, elles ne savent pas comment relativiser cette information. Le matériel de formation ne contient donc pas les éléments importants qui feraient une différence sur l'intégration des nouvelles ressources.

D'autre part, le milieu de la consultation étant reconnu pour avoir une approche entrepreneuriale, une autre plus grande portion des compagnies tend à transférer la responsabilité de la formation et de l'amélioration à l'employé, se fiant sur le sink or swim pour différencier les individus qui ont du potentiel de ceux qui en ont moins.

D'après-moi, l'une des explications les plus probables au manque d'information sur ces sujets est que les gens qui ont eu du succès dans ce milieu d'affaires l'ont fait par leurs propres moyens. Ainsi, de la même manière que les plus riches protègent les stratégies qui leur ont permis d'accumuler leurs richesses, les consultants qui ont du succès redoutent de partager leur recette avec les autres, par peur de perdre leur avantage compétitif.

En réalité, la plupart des consultants vivent le même genre de situations, peu importe l'industrie dans laquelle ils œuvrent. Les attentes, les risques, les façons de faire, ainsi que les compétences de base à développer sont souvent les mêmes, indépendamment du contexte. Voilà donc le but de ce livre : ... Partager des stratégies, des connaissances et des outils précis qui t'aideront à poser les bases de ta carrière, à comprendre comment travailler sur ton réseau et tes compétences relationnelles, et à planifier ta carrière à long terme.

Olivier est la personne idéale pour écrire ce livre, car il a lui-même effectué le saut vers la consultation, sans expérience directe préalable.

Il y a plusieurs années, lorsque j'ai interviewé Olivier pour un poste de consultant, son manque d'expérience préalable en consultation aurait pu m'inquiéter. Mais, après seulement quelques minutes de discussion, il m'apparaissait évident qu'il possédait déjà des qualités qui lui permettraient d'avoir du succès dans ce nouvel environnement. Cette rencontre a rapidement donné lieu à son embauche et donc à sa première expérience dans le monde de la consultation. Depuis, j'ai eu le plaisir de voir Olivier évoluer rapidement dans ce milieu très compétitif. Je l'ai référé à plusieurs contacts, qui ont eux aussi pu bénéficier de son expertise. J'ai même eu la chance de retravailler avec lui à plusieurs reprises, au sein de différentes entreprises.

Olivier a transformé ses défis en opportunités d'apprentissage et de croissance. Son livre vous invite à faire de même, à votre manière. Je vous souhaite une lecture enrichissante et inspirante, et surtout, un parcours professionnel rempli de succès et d'apprentissages.

Guillaume Godbout

Introduction

Je pourrais commencer ce livre par une multitude de clichés sur le monde globalisé, sur la manière dont l'univers passionnant de la technologie t'attend à bras ouverts, sur la façon dont ce livre est la solution magique à tous tes problèmes. Mais non ; je préfère commencer ce livre avec un conseil. C'est un conseil si important dans ce domaine que je pense qu'il mérite d'être mis dans le premier paragraphe : si tu veux développer une carrière significative dans le conseil IT, **apprends l'anglais**.

Oui : apprends l'anglais. Pratique la langue, fais-toi des amis étrangers et converse encore et encore jusqu'à ce que tu te sentes complètement à l'aise et que tu puisses même penser en anglais. Bien que pour beaucoup de programmeurs et d'ingénieurs en systèmes, l'anglais technique qu'ils utilisent pour programmer soit suffisant, **dans le domaine du conseil, les choses changent**. En tant que consultant, tu devras parler à de nombreuses personnes, pas seulement communiquer avec tes clients. Tu devras être persuasif, confiant, et faire en sorte qu'ils aient confiance en ce que tu dis pour les aider à croître et à développer leurs affaires.

Et si je veux travailler uniquement en français ? C'est possible, c'est vrai. Mais —peut-être ne le sais-tu pas encore— ta meilleure option pour grandir sera probablement de travailler pour des entreprises internationales (point que nous approfondirons plus tard), et assurer une bonne communication avec tes pairs est essentiel. C'est pourquoi, avant tout, j'insiste : apprends l'anglais. Et maintenant que je t'ai donné ce premier conseil, avançons.

Construire une carrière dans le conseil n'est pas une tâche facile. Même en surmontant la barrière de la langue (je promets de ne plus t'embêter avec ce sujet), tu feras encore face à des défis. Dans un environnement compétitif comme celui-ci, il n'est pas toujours facile de progresser. Mais ne t'inquiètes pas, tu as entre tes mains un outil puissant pour résoudre ces problèmes! Je vais te donner les conseils clés qui t'aideront à grandir et à passer de junior à sénior en un temps record. Mais que signifie "un temps record" ? Concrètement, l'idée est que **tu atteignes un niveau sénior en seulement deux ans**. Mon objectif (et ton objectif à partir de maintenant) est que tu franchisses cette grande étape dans ce court laps de temps.

Mais avant de continuer, qui suis-je et pourquoi est-ce que je pense être en mesure de t'aider à faire avancer ta carrière ? Je vais te le dire tout de suite. Je m'appelle Olivier. Je viens du Canada, de Montréal, au Québec plus précisément. Pour cette raison, en tant que francophone qui parle également espagnol et portugais couramment, je peux t'assurer que les langues autres que l'anglais ne sont pas ou peu utiles dans ce métier... Et maintenant, oui, je te promets que je n'insisterai plus sur la question linguistique.

Comment ai-je commencé ma carrière ? Quand j'avais 20 ans, j'étais à un carrefour vocationnel auquel la plupart des jeunes sont confrontés. Contrairement à beaucoup de mes camarades à HEC Montréal, qui suivaient les traces professionnelles de leurs parents, je ne venais pas d'une famille ayant de l'expérience dans le domaine des affaires ou de la technologie. Je n'avais pas de contacts, personne pour me conseiller ou me donner une expérience professionnelle pertinente. Malgré tout, tu pourrais penser : "Mais tu es Canadien, c'est déjà un privilège par rapport à d'autres pays", ce qui est vrai. Je ne nie pas le privilège d'être né au Canada, mais je suis né dans une famille de la classe moyenne, dans un quartier de classe moyenne. De plus, j'ai fréquenté l'une des écoles secondaires les moins bien cotées de la province, où énormément d'élèves vivaient dans des contextes de pauvreté, de criminalité, de violence, etc. Cependant, je pense que ce qui m'a différencié de beaucoup de mes camarades et m'a aidé à me frayer un chemin dont je suis maintenant plutôt fier est l'importance que ma famille accordait à l'éducation. Cette motivation m'a poussé à aller de l'avant et à grandir malgré les obstacles.

Dans ce scénario, je me suis formé à partir de zéro et j'ai travaillé dur pour me frayer un chemin à l'université. Mais, malgré mes efforts, alors que j'étudiais les affaires à l'université, je ressentais un sentiment d'inadéquation. Je n'avais pas d'idée claire de ce que je voulais faire de ma vie et comment je pouvais réussir dans ma carrière. Je sentais que ce qui me manquait était de trouver ma mission professionnelle, pour orienter mes efforts et atteindre ce que je désirais vraiment.

Au fur et à mesure que je me formais en stratégie d'affaires, je me suis intéressé au conseil. J'ai rencontré des entreprises renommées et des géants du secteur, comme Boston Consulting Group, Bain et McKinsey, et j'ai finalement trouvé un domaine dans lequel je voulais grandir. Cependant, le chemin n'a pas été facile. On n'obtient pas un poste dans un cabinet de conseil Big Three du jour au lendemain ! En fait, l'un de mes premiers emplois pendant mes études (et avec lequel j'ai payé mes études) a été comme serveur. Mais je dois l'admettre : je n'étais pas particulièrement bon comme garçon ! Cependant, un truc que m'a enseigné ce travail par lequel passent tant de jeunes de la classe moyenne comme moi —et qui me reste utile jusqu'à aujourd'hui— est un véritable souci pour la satisfaction de mes clients. Déjà à cette époque, je savais que je voulais être un professionnel capable d'aider les autres et en qui les gens pouvaient avoir confiance. Après tout, quand nous pensons aux consultants, nous imaginons des individus dignes de confiance et dotés de compétences interpersonnelles exceptionnelles. Peut-être que je n'étais pas le meilleur pour porter un plateau ou transporter une dizaine d'assiettes en même temps sur mes avant-bras... Et j'ai souvent confondu les commandes! Mais mes compétences interpersonnelles brillaient. Je savais plaire aux gens, je pouvais leur recommander les meilleurs plats selon leurs goûts, et j'ai aussi appris que j'aimais travailler avec les autres.

Bien que dès le début je savais que je voulais me plonger entièrement dans le conseil, ma première expérience professionnelle a commencé dans une autre direction. Mon premier emploi sérieux est arrivé lorsque j'ai obtenu un poste dans une entreprise de fabrication pharmaceutique. Mon temps dans cette entreprise n'était pas particulièrement stimulant (en fait, je dois admettre que je trouvais que c'était l'emploi le plus ennuyeux du monde). Je sentais que je perdais les meilleures années de ma vie à faire un travail qu'un logiciel aurait pu faire mieux, dans lequel la compagnie ne voulait pas investir. Mes collègues avaient entre 40 et 60 ans, et ils n'avaient pas fait grand-chose dans leur carrière ni ne montraient de motivation dans leurs tâches. Ils arrivaient au bureau, s'asseyaient sur leurs chaises, entraient des données dans le système pendant huit heures et rentraient chez eux dans les banlieues. Mais, malgré tout cela, ce premier emploi m'a apporté une expérience de travail précieuse : **il m'a appris ce que je ne voulais pas faire de ma vie et m'a permis de découvrir ce qui m'intéressait vraiment**.

Comme ma véritable passion était dans le domaine des TI, j'ai décidé de me spécialiser dans ce domaine. Après deux ans dans l'entreprise de fabrication, j'ai réussi à passer du département de production au département IT. Avec cette nouvelle expérience, et déjà orienté dans la direction que je voulais, j'ai senti que le moment était venu de chercher de **nouveaux défis**.

C'est à l'âge de 26 ans que j'ai finalement obtenu un entretien pour un poste de consultant. Bien que le salaire n'était pas exorbitant, il représentait une grande réalisation pour moi et un signe de succès: je me rapprochais de mon objectif de devenir consultant. Je me suis préparé intensément pour l'entretien. J'ai étudié comme si c'était pour un examen universitaire… En fait, je pense que je me suis préparé plus que pour les examens de l'université (honnêtement, je n'étais pas le meilleur étudiant). Grâce à cela, j'ai obtenu le poste !!

Une fois en poste j'ai travaillé sans relâche ; je savais que cette opportunité était ce que j'attendais. Depuis ce moment, les choses n'ont cessé de s'améliorer. Après un an, j'ai dirigé l'une des plus grandes mises en œuvre au Canada et, deux ans plus tard, j'ai déménagé en Australie pour devenir le consultant principal du plus grand fournisseur de services NetSuite de la région. Et, finalement, j'ai fondé ma propre société de conseil !

Mais comment en suis-je arrivé là ? Et comment vas-tu grandir et passer de junior à sénior en seulement deux ans ? Pour progresser en conseil, comme dans d'autres domaines professionnels et compétitifs, la clé est toujours de traiter chaque opportunité comme si c'était la plus importante. Tout comme un athlète professionnel court chaque course d'entraînement comme si c'était la course réelle, pour réussir dans ce domaine tu dois traiter chaque tâche, chaque projet, chaque entretien, comme si c'était un moment décisif dans ta carrière. Et ce n'est pas facile. Cela demande de l'engagement, un état d'esprit sérieux et un dévouement constant. Chaque tâche, chaque projet et chaque client doivent être traités avec la plus grande attention et motivation. Et non, il ne s'agit pas de faire beaucoup de choses à la fois, mais bien de faire quelques choses exceptionnellement bien.

Ces premiers conseils sont clés. Si tu te reconnais même un peu dans cette quête, continue à lire, car ce livre sera ton compagnon parfait pour les deux premières années de ta carrière. Peu importe d'où tu commences, si tu te concentres sur le travail acharné et que tu prends le temps de comprendre tes forces et objectifs, tu pourras devenir un consultant sénior expérimenté en peu de temps.

Je vais te fournir des stratégies, des connaissances et des outils précis qui t'aideront à poser les bases de ta carrière (en définissant tes objectifs, ton créneau et ton employeur), à comprendre comment travailler sur ton réseau et tes compétences relationnelles, et à planifier ta carrière à long terme.

Prêt à commencer le parcours ? Allons-y !

1. Se préparer pour le succès

1 : Se préparer pour le succès

La boussole : ta mission et vision

Voici le début de ton parcours pour les deux prochaines années. Et la première question que tu dois te poser est… par où commencer ? Facile ! Avant tout, il faut choisir où tu veux aller.

Si tu as étudié le commerce ou travaillé dans une grande entreprise, tu connais sûrement l'importance de la «**mission et vision**». C'est presque un cliché, une chose à laquelle souvent on ne prête pas attention. C'est pourtant très pertinent pour les entreprises : c'est la boussole qui les guide. Et, si tu veux progresser dans ta carrière, **ne voudrais-tu pas avoir une boussole ?**

Alors, pourquoi ne pas prendre le temps de définir et de mettre par écrit ta propre mission et ta propre vision ? Ces deux «déclarations» personnelles sont plus que de simples belles paroles. Elles peuvent être ce qui détermine réellement toutes tes décisions. En d'autres termes, il ne s'agit pas seulement de décrire ce que tu fais, mais aussi pourquoi et vers où tu te diriges. Ces déclarations serviront de guide en t'orientant à chaque carrefour que tu rencontreras à l'avenir. Voyons ce qu'elles sont et comment tu peux les définir.

La déclaration de mission

La mission est ton point de départ. Pour la trouver, tu dois répondre à la question fondamentale : pourquoi as-tu choisi la consultation TI comme carrière ? **Ta mission doit refléter ton but, la raison qui te pousse à faire ce que tu fais**. Assure-toi que ta mission soit concise et qu'elle reflète clairement ce que tu veux apporter : quels services tu offres, quel est ton public cible et comment tu crées de la valeur.

Tu ne sais pas par où commencer ? Ne t'inquiète pas, j'ai rassemblé quelques éléments utiles pour penser ta mission personnelle :

- but : Ce que tu proposes à ta clientèle, ce que tu fais comme professionnel.
- clientèle : À qui t'addresses-tu ? Qui sont tes clients ?
- compétences : Des habiletés que tu as acquises et qui te permettent de croire que tu pourras bien faire le travail de consultant en TI.
- différenciateurs : Ce que tu fais mieux que les autres.
- ce que mes clients disent de moi
- ce que mes collègues disent de moi

Dans ce tableau, tu trouveras des réponses possibles pour chacun de ces facteurs, combinables entre eux :

But	Clientèle	Compétences clés	Différenciateurs	Ce que mes clients disent de moi	Ce que mes collègues disent de moi
Aider les entreprises à se développer de manière durable	Startups	Gestion de projets	**Réaliser une mise en œuvre rapide, avec peu de temps d'arrêt**	"Il a rendu notre entreprise plus efficace"	"Il respecte toujours les délais"
Naviguer dans le changement numérique	Entreprises Fortune 500	**Stratégie d'alphabétisation technologique**	Connaissance approfondie de l'industrie	"Il comprend notre secteur en profondeur"	"Il n'a pas peur des défis"
Stimuler l'innovation	**PME québécoises à forte croissance**	Pensée créative	Agilité, prototypage rapide	"Il nous a aidés à atteindre le lancement à temps"	**"Il a toujours de nouvelles idées"**
Améliorer la cybersécurité	Agences gouvernementales	Mise en œuvre de protocoles de sécurité et d'audit	Connaissance avancée du module manufacturier	"Ses recommandations sont basées sur des données et de la logique"	"Il a un standard de qualité élevé"
Optimiser les processus d'entreprise	Fournisseurs de santé	Analyse de données et compétences techniques	Spécialisé en technologie sanitaire	**"Il a été honnête sur nos erreurs"**	"J'aime travailler avec lui/elle"

Passons à la pratique! Imaginons un consultant qui, comme toi, est dans ses premières années de carrière, cherchant à grandir. Appelons-le Sasha. Une mission possible pour Sasha, suivant le tableau ci-dessus, serait :

Ma mission est d'aider les PME québécoises à forte croissance à se développer de manière durable en créant une stratégie d'alphabétisation technologique. Mon différenciateur est de pouvoir réaliser une mise en œuvre rapide, avec peu de temps d'arrêt. Je veux que mes clients me reconnaissent pour ma capacité à identifier là où ils pourraient s'améliorer, et que mes collègues pensent de moi que je propose toujours de nouvelles idées

Avec cette mission, Sasha est bien parti pour planifier ses objectifs suivants.

C'est à ton tour de penser à ta propre mission ! Revisite le tableau et choisis une option de chaque colonne (tu peux aussi ajouter de nouvelles options !). Avec ces éléments, rédige ta mission pour t'accompagner désormais.

_____
_____
_____
_____
_____
_____
_____
_____
_____

La déclaration de vision

Tu t'es sûrement déjà fait poser la question classique d'un entretien d'embauche: « **Où te vois-tu dans cinq ans ?** ». Eh bien, la vision pourrait être la réponse à cette question ; elle se projette vers l'avant, comme si tu peignais un tableau dans lequel tu te vois dans un futur où tu as atteint tes objectifs.

La vision répond à des questions comme « Où veux-tu être à l'avenir ? » et « Comment imagines-tu ton succès à long terme ? ». Elle doit surtout être inspirante et motivante. Elle doit être large et générale, sans se concentrer trop sur des détails quotidiens et spécifiques. Et n'aie pas peur d'être ambitieux ! Il est toujours bon de viser haut pour se défier soi-même. Après tout, il y aura toujours du temps pour réduire ses ambitions, n'est-ce pas ?

Ce nouveau tableau est orienté vers ta vision. Il comprend :

- tes qualités exceptionnelles (nous approfondirons cela plus tard, dans la section « Tes outils : forces et faiblesses ») ;
- ton marché cible ou public cible ; et
- ta stratégie de sortie. c'est à dire la direction que tu aimerais prendre une fois ton objectif atteint

Voici, à titre d'exemple, quelques réponses possibles à ces questions :

Marché cible / public cible (région, type, domaine)	Qualités exceptionnelles	Stratégie de sortie
Europe PME Vente au détail	Fiable, avec pensée critique	Croître en consultation (devenir manager, obtenir des projets plus importants, etc.)
Portée mondiale Startups Technologie	**Innovateur, créatif**	S'associer à une startup
Europe Hôpitaux Santé	Adaptable, leadership	Faire un MBA pour obtenir ensuite un poste dans une grande entreprise
États-Unis Entreprises moyennes Finance	Analytique, orienté données	**Devenir consultant indépendant**
Asie Grandes entreprises Énergie durable	Spécialiste, connaissance approfondie	Rejoindre un fonds de capital privé avec une stratégie de Roll-Up en Private Equity[1]

1 : La stratégie de Roll-Up en Private Equity consiste à acquérir et à consolider plusieurs entreprises dans un même secteur sous une seule entité et architecture technologique. Cela vise à augmenter l'efficacité, réduire les coûts et créer une entité plus grande et solide pour sa vente ultérieure ou sa croissance.

Revenons à notre ami Sasha et voyons quelle vision il a construite en utilisant le tableau :

Ma vision est d'être un consultant pour les petites entreprises de détail en Amérique Latine, d'être reconnu comme un innovateur créatif, et d'en arriver à être un consultant indépendant.

Un objectif clair comme celui-ci peut te guider et te motiver, peu importe la distance de ton objectif ni le nombre d'obstacles auxquels tu fais face. **Es-tu prêt à construire ta propre vision ? Vas-y ! N'oublie pas de la garder toujours en tête pour maintenir le cap.**

Une fois que tu auras clairement défini ta mission et ta vision, tu devras t'assurer que **l'entreprise dans laquelle tu travailles soit alignée avec ta mission et ta vision personnelle**. Si tes objectifs et ceux de l'entreprise avec laquelle tu travailles vont dans des directions opposées, il te sera très difficile d'évoluer de la manière et dans le temps que tu le souhaites. Mais, comment peux-tu t'assurer de choisir la bonne entreprise ? La réponse à cette question se trouve dans la section suivante. Allons de l'avant !

Le chemin: comment choisir la bonne entreprise ?

Choisir ton entreprise, c'est comme choisir ton bateau. Tout comme tu travailles pour faire avancer ton navire, en jetant du charbon dans la chaudière ou en manœuvrant les voiles, le bateau doit aussi te propulser. C'est un travail d'équipe où navigateur et navire s'accordent pour aller loin. C'est pourquoi il est essentiel que toi et ton employeur soyez compatibles, et que sa mission et sa vision s'alignent avec tes objectifs, à ta personnalité et à tes préférences. **De toutes les décisions que tu prendras à ce stade de ta carrière, choisir ton employeur est la plus importante**.

Alors, comment choisir exactement l'entreprise idéale pour toi ? Ce n'est pas la même chose de travailler dans une grande entreprise internationale, dans une startup locale ou dans une petite entreprise familiale. Chacune a ses avantages et ses inconvénients. Il est donc crucial d'avoir une stratégie solide pour choisir ton chemin et savoir à quoi t'attendre à l'avenir.

J'ai identifié quatre facteurs clés pour choisir ton employeur. En évaluant chaque employeur potentiel par rapport à ces quatre facteurs, tu auras toutes les chances de choisir celui qui fera le plus progresser ta carrière. Ces quatre facteurs sont: la réputation de l'entreprise, son focus, sa taille, et sa portée.

1. Réputation de l'entreprise

Dans le monde de la consultation IT, ta réputation est ce qui te maintient à flot. Et ta réputation commence avec celle de l'entreprise pour laquelle tu as travaillé. As-tu déjà vu les profils LinkedIn d'anciens employés de Deloitte, par exemple ? Tous se présentent comme « Ex-Deloitte ». C'est presque comme un second diplôme, qui répond à la logique suivante : si telle entreprise est d'élite, ses consultants doivent aussi l'être. Ce n'est pas nécessairement vrai, car les entreprises d'élite ont aussi des employés et des processus déficients, mais cette perception est réelle, et c'est ce qui compte, car elle influencera l'opinion des autres sur ton travail, comme une carte de visite. **Par conséquent, l'entreprise que tu choisis doit avoir une réputation exceptionnelle.**

En général, il n'y a que de 3 à 5 entreprises leaders dans n'importe quel domaine. Tu peux rechercher dans différents endroits pour les trouver. Voici quelques conseils :

- Navigue sur des sites professionnels comme LinkedIn pour trouver des références dans ton industrie et voir dans quelles entreprises elles travaillent.
- Visite des sites spécialisés dans ton domaine, comme TechCrunch pour la technologie ou Forbes pour les affaires.
- Analyse des rapports de marché, comme ceux de Gartner et Forrester.
- Assiste à des salons et conférences de ton industrie.
- Suis sur les réseaux sociaux les leaders de ton secteur.
- Discute avec des experts dans ton domaine pour profiter de leur expérience et de leur connaissance.

Une fois que tu as identifié des entreprises dans lesquelles tu aimerais travailler avec toutes ces informations, parcours leurs sites pour en savoir plus sur leur équipe, leurs clients et leur projection future.

Tu peux également parler avec des employés actuels ou anciens — LinkedIn est un bon endroit pour les contacter — pour en savoir plus sur l'ambiance interne. À cet égard, des outils comme Indeed, Fishbowl, et Glassdoor peuvent aussi t'être utiles. N'aie pas peur de contacter d'anciens employés pour leur demander leur avis sur l'entreprise ; tu verras que la plupart seront disposés à te donner leur opinion. En plus, c'est une décision très importante pour ta carrière! Surmonte ta timidité pour avoir toutes les informations disponibles au moment de décider.

2. Focus de l'entreprise

Comme le dit le proverbe : **qui trop embrasse mal étreint**. Et c'est très vrai. C'est pourquoi je te recommande, au moment de choisir où travailler, de prendre en compte ceci : **ton entreprise doit se concentrer sur un nombre limité de technologies.**

Pour devenir un maître, il faut maîtriser une seule discipline plutôt que de connaître superficiellement plusieurs disciplines différentes. Évite de travailler dans des entreprises qui couvrent mille technologies à la fois ! Elles essayeront de te séduire en te convaincant qu'un large portefeuille de technologies te valorisera davantage en tant que consultant, mais la réalité est qu'une variété trop large de logiciels ne fera que compliquer ton développement en tant qu'expert dans un domaine particulier. Tu ne veux pas consacrer 5 heures par semaine à 8 technologies différentes, mais plutôt dédier 40 heures par semaine à un logiciel spécifique et accumuler une expérience énorme qui te consolidera en tant qu'expert.

Lorsque tu choisis ta discipline principale, il est utile de savoir quelles sont les plus pertinentes dans ton secteur. Il existe plusieurs grandes catégories technologiques que nous pouvons appeler « étoiles ». Les technologies « étoiles » se trouvent généralement dans des « constellations », en fonction du secteur technologique où elles sont utilisées.

Dans le graphique suivant, tu peux découvrir certains des grands astres de l'industrie :

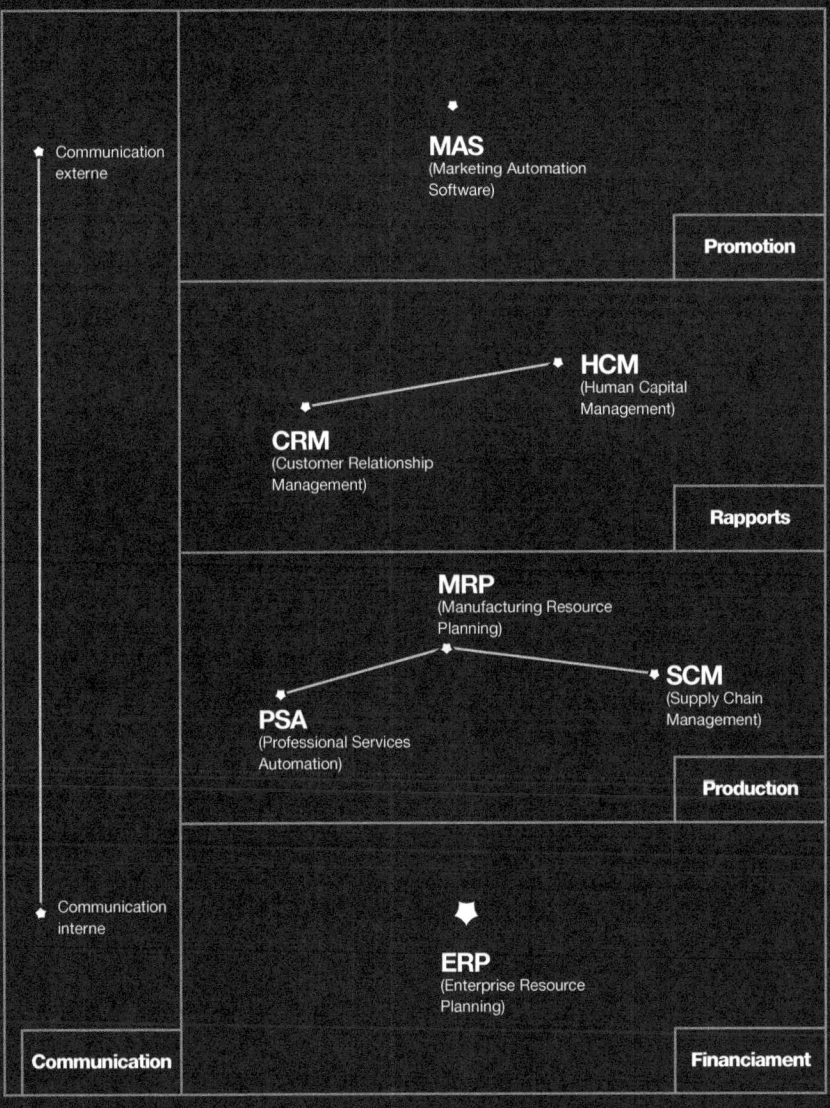

Pour comprendre le focus d'une entreprise, nous pouvons justement la penser comme un système solaire. Au centre se trouve son Soleil, l'axe central de son business. Autour de celui-ci, nous trouvons différentes planètes et satellites, technologies qui varient selon chaque entreprise.

Voyons, par exemple, comment serait le système solaire d'une entreprise avec un Soleil en Enterprise Resource Planning (ERP) :

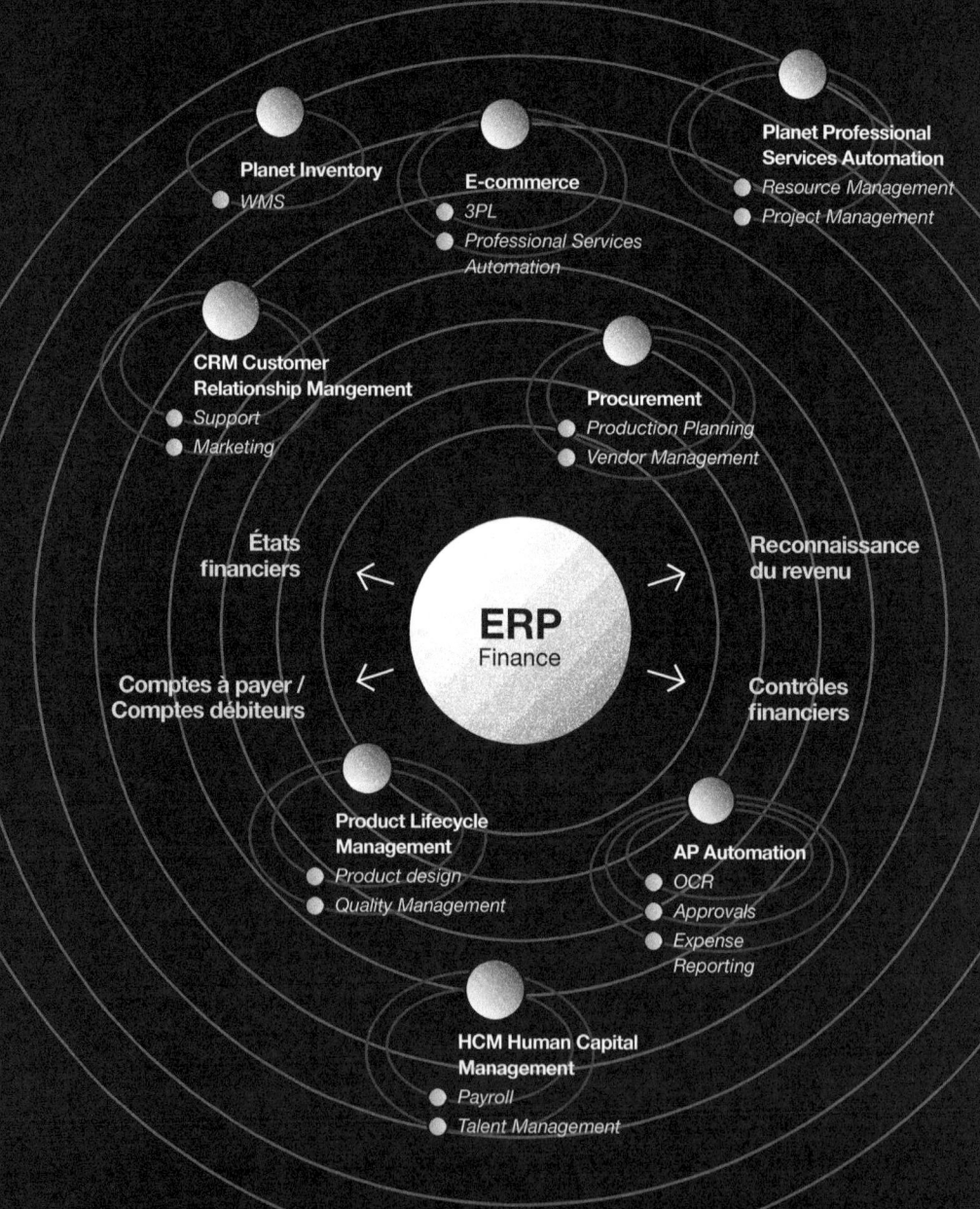

Une fois que tu as identifié l'approche qui t'intéresse le plus, il est crucial de rechercher quels logiciels sont les plus utilisés dans ce domaine et lesquels s'alignent avec ta vision.

Pour cela, tu peux utiliser des outils comme **Gartner Magic Quadrant, Forrester Wave, TrustRadius ou Capterra**, qui offrent des informations sur le positionnement compétitif de différents fournisseurs de technologie et permettent de trouver les leaders du marché. Une fois que tu as défini les logiciels sur lesquels il convient de te former, fais quelques recherches pour obtenir une liste d'entreprises de consultation qui travaillent avec eux. Cela te permettra d'optimiser ton expérience et de profiter des tendances du marché, pour devenir un expert dans les programmes qui seront demandés à l'avenir.

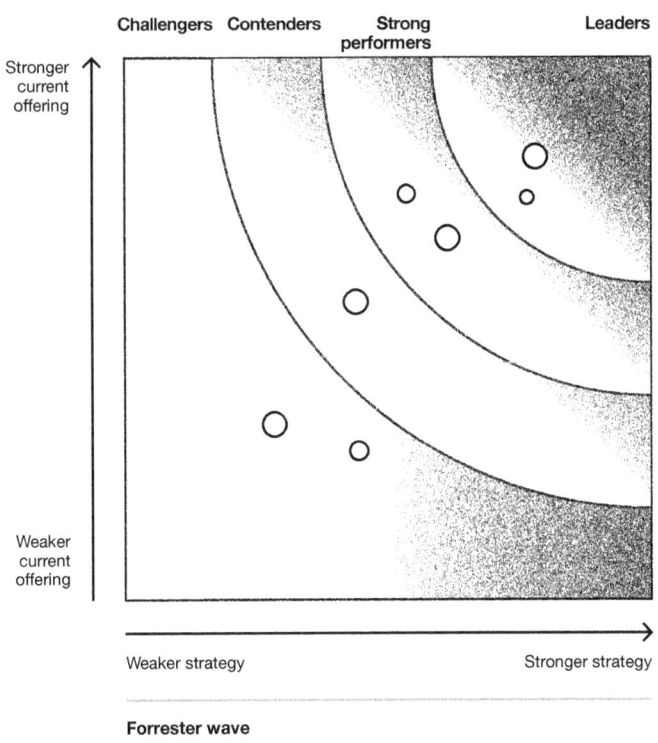

Forrester wave

Comme dernier conseil, pour évaluer l'entreprise, il est également utile de prendre en compte le nombre de produits et services qu'elle offre et leur applicabilité à différents contextes. Si nous mettons en relation le nombre de produits et leur contexte d'utilisation (comme nous le verrons dans le graphique suivant, nous pouvons trouver les entreprises idéales dans le quadrant supérieur droit.

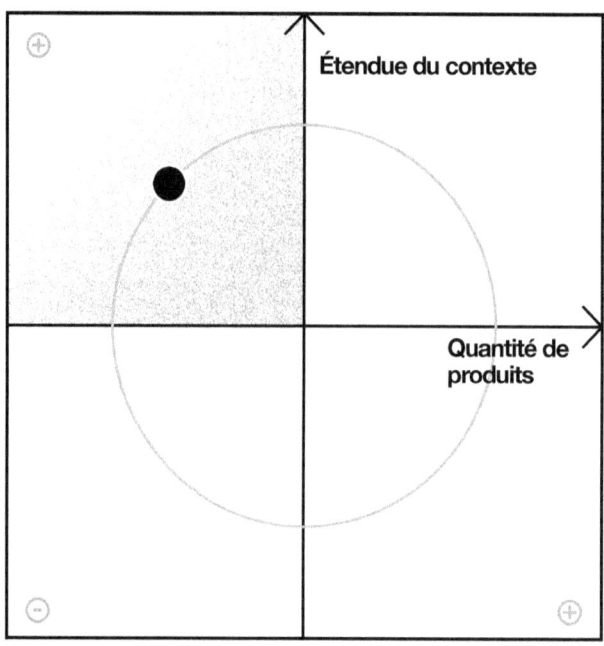

Tu recherches idéalement une entreprise qui offre une **gamme limitée** de produits et services qui soient **polyvalents et adaptables pratiquement à toute situation**. Cette combinaison de simplicité et d'applicabilité généralisée identifie une entreprise hautement efficace et adaptable, l'option parfaite pour ta carrière et tes objectifs.

3. Taille de l'entreprise

Maintenant, la grande question : la taille… compte-t-elle ? Bien sûr que oui. La taille de l'entreprise est un facteur clé lors du choix de ton lieu de travail.

Alors, préfères-tu être un gros poisson dans un petit étang ou un petit poisson dans un grand étang? D'après mon expérience, il y a une taille d'entreprise que je considère optimale pour commencer ta carrière, et il s'agit d'entreprises qui comptent entre 50 et 150 employés. C'est un nombre idéal, car il offre un équilibre parfait entre opportunités de croissance et un lieu de travail suffisamment bien organisé pour te permettre de faire fructifier tes efforts. Pour bien comprendre en quoi ce nombre d'employés est parfait pour toi, permets-moi une petite tangente sur le cycle de vie d'une entreprise de consultation en TI. **Ce cycle se divise en quatre étapes**, chacune avec ses opportunités et ses menaces, tant pour l'entreprise elle-même, que pour ses employés

Dans **la première étape du cycle de vie d'une entreprise**, lorsque les entreprises de consultation ont **moins de 10 employés**, elles sont généralement centrées sur leurs fondateurs, dont les compétences et la personnalité sont responsables de leur succès et de leur croissance initiale. Dans cette première étape, les fondateurs sont en contact avec le travail quotidien, le recrutement et la mise en œuvre de l'entreprise. La plupart des employés présents depuis les premiers jours sont des personnes que le fondateur connaît et qui sont là parce qu'ils travaillent bien. Tu es en première ligne de bataille, mais comme l'entreprise est très petite, tu n'as pas encore accès à de grands projets ou clients qui contribuent à donner une bonne réputation à la compagnie. Cette première étape, donc, n'est pas idéale pour toi.

Dans la **deuxième étape**, lorsqu'une entreprise commence à grandir mais a toujours **moins de 50 employés**, elle obtient plus de clients et de projets, ce qui conduit à plus d'embauches. À ce stade intermédiaire, l'entreprise acquiert plus de couches de gestion et les managers apparaissent. Le fondateur ne s'implique pas aussi directement, bien qu'il reste en contact quotidien avec l'équipe. Son rôle devient davantage celui d'un « contrôle de qualité » pour les mises en œuvre, plutôt que de supervision directe. Cela permet d'augmenter le nombre de projets, de clients et d'employés, sans perdre en qualité.

Ce scénario te donne la possibilité d'assumer rapidement des tâches diverses et de plus grande responsabilité, mais l'entreprise n'aura pas encore assez de réputation ou de portée pour que tu puisses participer à des projets de plus grande envergure. Ce n'est donc pas non plus exactement ce que tu recherches.

Dans **la troisième étape**, lorsque l'entreprise compte **entre 50 et 150 employés**, sa réputation en tant que partenaire de mise en œuvre fiable se consolide, ce qui mène à des projets plus importants. À ce stade, nous pouvons considérer que l'entreprise se trouve dans une sorte de «lune de miel», où tout le monde collabore de manière harmonieuse. Les projets sont livrés de manière efficace et rapide, et la formule qui a mené l'entreprise jusqu'à ce point continue de fonctionner, ce qui génère des résultats positifs. L'entreprise a le vent en poupe, les revenus peuvent passer de 10 millions de dollars à 30 millions avec des changements minimes par rapport aux premiers jours. La mentalité dominante à ce moment est : « Si tout cela est possible, pourquoi s'arrêter ici ? ». **C'est une entreprise exactement à ce point que tu cherches**. Le succès et la croissance de celle-ci te donnera des défis constants, ainsi que les moyens de les relever et de faire une différence. Concluons avec la quatrième étape du cycle de vie, la dernière que je couvrirai ici.

Dans **la quatrième étape**, l'entreprise **dépasse les 150 employés**. Cependant, gérer une entreprise avec autant de personnes est complètement différent. De nouvelles structures et compétences sont nécessaires, que la plupart des fondateurs ne possèdent pas. À ce stade, les mises en œuvre ont tendance à devenir plus chaotiques, et tu pourrais te retrouver avec des projets de faible qualité, de nouveaux consultants travaillant de manière complètement différente de ceux des premiers jours, ou des embauches « d'urgence » (genial intégrés à la dernière minute pour « sauver » les projets). De plus, l'entreprise a besoin de nouvelles structures et départements qu'elle n'avait pas auparavant.

Mais voici le problème : ce qui rend quelqu'un bon pour lancer une entreprise de consultation en TI et la faire grandir jusqu'à 150 consultants et 30 millions de dollars de chiffre d'affaires ne le qualifie pas nécessairement pour amener cette entreprise à 500 employés et 100 millions de revenus. Malheureusement, la plupart des fondateurs ne comprennent pas cela et échouent à amener leur entreprise au niveau supérieur. J'ai vu plusieurs entreprises échouer en tentant de franchir ce cap de taille, perdant en réputation, clients et consultants, pour finalement tomber dans l'oubli.

D'un autre côté, les entreprises de plus de 150 employés, bien qu'elles offrent généralement stabilité et clients importants, présentent le risque de l'anonymat. Il est facile de se perdre dans la foule et de finir par effectuer les mêmes tâches pendant des années sans possibilité de promotion. Et, si tu es exceptionnel dans une tâche monotone, il est probable qu'on te laisse la faire indéfiniment…

C'est pourquoi je considère qu'il est **essentiel de choisir une entreprise à la taille optimale, de 50 à 150 consultants** : suffisamment établie et développée, mais assez jeune pour éviter les défis que rencontrent les plus grandes entreprises. Choisir une entreprise de taille moyenne — déjà avec une certaine réputation, mais offrant moins d'anonymat — peut réduire les risques et offrir de plus grandes opportunités de croissance. En tant que jeune joueur, il est toujours préférable d'être titulaire dans une équipe de taille moyenne et de jouer, plutôt que d'être dans une équipe de premier plan et de ne jamais fouler le terrain. C'est cette expérience de tes premières années qui te permettra ensuite de concurrencer les meilleurs.

4. Portée internationale

Que préfères-tu : travailler uniquement dans ton pays ou avoir la possibilité d'atteindre le monde entier ? La réponse me paraît assez évidente... Si tu travailles toujours sur des projets nationaux, avec un scénario et une logique familiers, tu maîtrises toutes les spécificités de cette région. Mais, en même temps, tu te retrouveras toujours face au même type de projet et ta renommée sera limitée aux frontières dans lesquelles tu évolues. Travailler pour une entreprise internationale peut sembler intimidant, mais cela peut aussi être un tremplin vers de nouveaux sommets. Nous apprenons toujours plus avec une variété de défis et, en plus, en élargissant ta portée, ton nom peut atteindre des coins du monde que tu n'aurais jamais imaginés.

Un autre point important à considérer est que l'échelle salariale peut varier considérablement d'un pays à l'autre. T'ouvrir à de nouvelles possibilités dans d'autres pays peut également augmenter considérablement les revenus que tu reçois pour le même poste. Pour l'exprimer de manière très généralisée, un consultant TI aux États-Unis gagne le double de ce que gagnent ses collègues canadiens, et ces derniers obtiennent le double de ce qu'un consultant TI au Mexique reçoit.

Avec cela en tête, choisir une entreprise avec une portée globale te permettra d'élargir ton pouvoir de décision et l'échelle de ton travail. **Une présence internationale t'ouvrira plus d'opportunités pour la prochaine phase de ta carrière.** Une fois que tu maîtrises l'anglais, tu pourras te sentir à l'aise pour communiquer et travailler avec des gens du monde entier.

De plus, l'exposition à différents marchés et cultures enrichira non seulement ton expérience et élargira tes compétences, mais te préparera également pour des scénarios plus divers. D'autre part, tu peux aspirer à diriger des projets globaux, **travailler dans des bureaux étrangers ou assumer des fonctions avec un impact à l'échelle mondiale.**

Garde à l'esprit qu'il y a des entreprises internationales qui se concentrent sur le service à des clients d'une région spécifique. À titre d'exemple, les entreprises qui se concentrent sur l'Europe te préparent généralement à travailler avec des clients d'autres pays européens, car ils partagent des fuseaux horaires et d'autres aspects en communs. D'autres entreprises sont concentrées uniquement sur la desserte de clients américains. Ainsi, il est important de définir où tu veux travailler, et, par conséquent, de choisir une entreprise qui travaille avec des clients de cette région.

Il est crucial, lors de la recherche d'emplois à l'échelle internationale, d'établir des connexions avec des entreprises locales ou internationales qui recrutent dans ta région et ont une présence dans les marchés où tu souhaites travailler. Assure-toi également de bien comprendre le cadre légal régissant ton travail à l'étranger, incluant les nécessités autour de la création d'une entreprise, la facturation de taxes, les déclarations fiscales spécifiques, et les éventuelles exigences de visa. Il est tout aussi important de communiquer clairement ta disponibilité à te relocaliser ou ta préférence pour le travail à domicile.

Comment relier les 4 critères

Tu connais maintenant les 4 critères décisifs pour choisir dans quelle entreprise t'embarquer ! À ce stade, tu devrais avoir gravé dans ta mémoire ces piliers : **réputation, focus, taille et portée**. Il est temps de voir comment les combiner et les pondérer.

Selon mon expérience, les deux premiers critères (réputation et focus) sont plus importants que les deux autres (taille et portée). Pour bien illustrer l'importance relative de chacun d'entre eux, j'ai conçu une "matrice de décision" pondérée, que tu trouveras après ce paragraphe. Tu pourras l'utiliser pour comparer facilement les entreprises que tu trouves à mesure que ta recherche progresse.

Prenons à nouveau l'exemple de notre ami Sasha. Selon sa mission et sa vision, son employeur idéal serait une entreprise de consultation désservant des PME à forte croissance en Europe. Cette entreprise aurait une taille d'environ 50 à 150 employés, pour être suffisamment organisée et structurée et lui donner des opportunités de se démarquer. En termes de focus technologique, il lui faudrait une entreprise dédiée aux technologies qui permettent de soutenir une croissance accélérée, comme les systèmes ERP, CRM et autres outils d'automatisation avec une grande pénétration de marché.

Dans sa recherche, Sasha considère les employeurs suivants:

Compagnie A : Elle a une excellente réputation. Travaille avec trois ERP différents, deux CRM et un système de gestion des ressources humaines. Opère aux États-Unis. A 20 employés.

Compagnie B : Elle a une bonne réputation. Est focalisée sur un CRM leader du secteur. Travaille en LATAM et en Europe. A 100 employés.

Compagnie C : Elle a une assez mauvaise réputation. Est focalisée sur un système comptable spécialisé dans les entreprises manufacturières. A une portée globale. A 250 employés.

En tenant compte des quatre critères de décision, que nous avons vus précédemment, nous pouvons comparer les trois entreprises de cette façon :

Matrice de décision : *Adéquation entre l'entreprise, la mission et la vision*			
	Compagnie A	Compagnie B	Compagnie C
Réputation de l'entreprise (1-5 points)	5	4	1
Focus de l'entreprise (1-5 points)	2	5	2
Portée globale (1-3 points)	1	3	3
Taille de l'entreprise (1-3 points)	1	3	2
Score total	9	15	8

Grâce à cette méthode, nous pouvons conclure que l'employeur idéal pour Sasha serait la compagnie B. Dans cette entreprise, il a davantage de possibilités de croître, car elle s'aligne avec ses objectifs, a une bonne réputation, se concentre sur les technologies qui intéressent Sasha, a une taille moyenne et une portée plus globale. La compagnie A, bien qu'ayant une bonne réputation, étant plus petite, exigerait probablement de jongler entre différentes technologies, ce qui ne lui permettrait pas de se spécialiser et, en se concentrant sur les États-Unis, ne lui permettrait pas de connaître d'autres projets mondiaux. L'entreprise C, bien qu'elle soit une grande entreprise globale, ne serait pas un bon choix en raison de sa réputation et parce qu'elle se concentre sur des technologies qui n'intéressent pas Sasha.

Maintenant, essaie-le toi-même! Si tu as déjà une idée claire de ta mission et de ta vision, quel type d'employeur correspondrait à ta recherche ?

Tes outils : forces et faiblesses

Une fois que tu as identifié une liste d'entreprises qui correspondent à tes ambitions, tu devras évidemment postuler et être embauché! Cependant, étant donné que cet ouvrage se concentre sur comment développer ta carrière comme consultant, et non sur comment passer au travers le processus de sélection des entreprises de consultation, nous allons abréger cette partie. Présumons donc que tu as obtenu le poste dans une entreprise qui s'aligne avec ta mission et ta vision. À partir de ce moment, ta mission est de découvrir comment optimiser tes efforts! Pour cela, il est nécessaire de connaître tes forces et faiblesses, c'est-à-dire quelles compétences tu possèdes dans ton arsenal. Une bonne introspection t'aidera à **concentrer ton énergie sur le développement de ce que tu fais le mieux**. Ne dépense pas d'efforts sur tes faiblesses, pour l'instant il n'est pas nécessaire d'être bon dans tout! Travaille sur ce qui te distingue des autres.

Si, par exemple, tu es une personne attentive aux détails mais pas très créative, concentre-toi sur la qualité du contenu et appuie-toi sur tes collègues pour les décisions de design créatif. Ne te frustre pas en essayant de résoudre tout seul.

Cela ne signifie pas que, si tu as une faiblesse très évidente, tu ne dois pas travailler à l'améliorer pour atteindre un niveau décent. Il n'est pas utile de dire : "Je suis bon en gestion, mais je ne peux pas avoir une seule idée créative". Dans toute équipe, il y a des tâches à accomplir même si ce n'est pas notre point fort ou que cela ne nous plaît pas. Même les meilleurs restaurants doivent sortir les poubelles au moins une fois par jour. Mais il est bon de pouvoir compter sur les autres dans les domaines qui nous sont difficiles et d'aider les autres dans ce que nous faisons le mieux.

Comment connaître tes forces et faiblesses ? Voici quelques conseils pour t'aider à identifier tes points forts et tes domaines d'amélioration :

Autoévaluation honnête

Prends le temps de réfléchir à tes compétences, connaissances et expériences. Fais-le honnêtement, sans sous-estimer ni exagérer tes capacités, pour avoir une idée claire de ce qui te distingue des autres.

Pour cela, il existe de nombreux **tests de compétences** disponibles en ligne. Personnellement, je préfère le test **HIGH5**, car il te dit non seulement tes forces et faiblesses, mais te propose également un plan d'action concret sur la manière de les utiliser. De plus, il contient son propre système de feedback par les pairs pour que tu puisses recevoir des commentaires d'autres collègues. Ce test a une version gratuite et une complète pour 29 USD.

Il existe également d'autres options de tests très bons avec des versions gratuites. Voici une liste de certains d'entre eux :

- Myers-Briggs Type Indicator (MBTI)

- 16 Personalities
- Big Five Personality Test
- Enneagram
- Kolbe A Index
- Holland Code (RIASEC) Career Test
- CliftonStrengths

Au-delà de ces tests, tu peux également t'autoévaluer en utilisant le tableau que je partage ci-dessous. Rappelle-toi : personne ne te juge ! Tu seras le seul à voir le résultat. L'objectif est de bien te connaître ; c'est pourquoi l'honnêteté est clé.

Complète chaque partie du premier tableau en notant chaque compétence de 1 à 6. Un 1 serait une idée avec laquelle tu es complètement en désaccord (par exemple : "je ne transmets jamais mes idées de façon claire ! "), et un 6 serait lorsque tu es complètement d'accord avec l'affirmation (par exemple : "Je transmets mes idées de façon tellement claire que tout le monde comprend toujours du premier coup ! "). Ensuite, additionne ton score pour chaque catégorie et classe-les par ordre décroissant dans le second tableau, appelé "Plan d'action". Ce "Plan d'action" sera le résultat de ton auto-évaluation. En établissant une hiérarchie entre tes habiletés de communication, résolution de problème, relationnelles, de gestion de tâches et d'apprentissage - cinq habiletés importantes en consultation - tu pourras identifier comment les utiliser à ton avantage. Par exemple, un consultant dont les habiletés de gestion de tâches ne sont pas très bonnes devrait chercher à "déléguer" cet aspect du travail. Ceci pourrait être accompli, par exemple, en s'alliant à quelqu'un de très organisé, ou en établissant une routine stricte de gestion des tâches. L'important ici est de comprendre ce qui te fera briller (tes habiletés les plus dominantes), et ce qui pourrait te faire échouer (tes habiletés, disons... moins évidentes). Dans mon cas, si cela t'intéresse, ma capacité d'apprendre rapidement a toujours été un de mes points forts, alors que ma capacité à établir des relations professionnelles et personnelles durables, et mes habiletés de gestion de tâches ont toujours été des points à surveiller. En sachant cela, j'ai établi des stratégies gagnantes, et je t'invite à faire de même !

Communication	
Affirmation	**Note (1-6)**
Je transmets mes idées de manière claire.	
Je peux adapter mon style de communication à mon public.	
Écouter activement est quelque chose qui me vient naturellement.	
Je peux parler en public aisément.	
Je peux donner et recevoir des retours constructifs sans problème.	
TOTAL	

Résolution de Problèmes	
Affirmation	**Note (1-6)**
J'identifie les problèmes potentiels avant qu'ils ne se concrétisent.	
Je peux apporter un point de vue clair face à des problèmes qui semblent compliqués.	
Je peux garder mon calme lorsque je suis sous pression.	
Je sais comment prioriser les tâches durant une crise.	
Je peux adapter mon approche pour résoudre de nouveaux problèmes.	
TOTAL	

Relations	
Affirmation	**Note (1-6)**
J'aime travailler en équipe.	
J'aime pouvoir résoudre des conflits entre collègues.	
J'ai la facilité de construire des relations professionnelles.	
Je montre généralement de l'empathie pour les besoins des autres.	
Je peux motiver facilement les autres.	
TOTAL	

Gestion des tâches	
Affirmation	**Note (1-6)**
Je peux respecter les délais de livraison sans problème.	
Je sais quelles tâches prioriser dans mon quotidien.	
Je peux faire plusieurs tâches à la fois (multitâche) si nécessaire pour maximiser ma productivité.	
Je peux déléguer des tâches à d'autres efficacement.	
Je ne peux me détendre complètement que lorsque je suis sûr d'avoir terminé toutes les tâches que je me suis fixées pour la journée.	
TOTAL	

Apprentissage rapide et adaptabilité	
Affirmation	**Note (1-6)**
J'apprends habituellement de mes erreurs.	
Je m'adapte rapidement à de nouvelles situations et environnements.	
Assumer de nouveaux rôles est quelque chose qui me vient naturellement.	
J'apprends de nouvelles compétences avec facilité.	
J'ai la facilité de rechercher et d'adopter de nouveaux outils et technologies.	
TOTAL	

Catégorie	**Niveau**	**Plan d'action**
Catégorie 1:	Briller	Ce sont tes **forces principales**. Utilise-les au maximum pour maximiser ton succès.
Catégorie 2:	Négocier	Ce sont tes **forces secondaires**. Utilise-les avec discernement quand tu vois une bonne opportunité.
Catégorie 3:		
Catégorie 4:	Déléguer	Ce sont tes **domaines les moins forts ou tes faiblesses**. Délègue des tâches dans ces domaines à d'autres qui excellent en eux.
Catégorie 5:		

Compilation du *feedback*

Que pensent les gens de toi ? Cherche des commentaires provenant de tes collègues, tes professeurs ou de leaders. Ils pourront te fournir une perspective extérieure sur tes compétences et te permettre de mieux savoir comment les autres te perçoivent. Le feedback sincère de ces gens qui t'entourent est utile pour connaître tes forces et tes défis. Il est important d'avoir ces opinions externes pour te voir sous différents angles.

Si tu choisis d'utiliser la version payante de HIGH5, cela inclut la possibilité de demander du feedback directement à tes contacts. Cela peut aider à confirmer ou infirmer ta propre perception de tes forces et faiblesses.

Tu peux également utiliser d'autres méthodes ou tests, ou demander à des collègues, leaders ou connaissances de répondre au tableau de la section Autoévaluation honnête avec leur opinion sur toi. Compare leurs réponses aux tiennes pour voir si elles coïncident et enrichis ta perception de toi-même avec de nouveaux points de vue.

Un *sprint* vers ton premier succès

Maintenant que tu as choisi une entreprise, que tu as réussi à y être engagé, et que tu connais tes forces et tes faiblesses, il est temps de mettre en place un plan pour te garantir un grand succès professionel en aussi peu de temps que possible. Dans ce chapitre, je vais te donner plusieurs trucs qui te permettront de briller dans ton premier mois à ton nouvel emploi. Considère ton **premier mois** de travail en conseil TI comme ton **premier sprint.**

Je peux te parler un peu de ma propre expérience pour te donner un exemple. Quelques semaines après mon début en conseil, mon chef est parti en vacances pour deux semaines. Dans l'équipe, nous n'étions plus que deux. Mon collègue, un nouveau lui aussi, et moi.

J'aurais pu simplement attendre que mon patron revienne. Après tout, il était naturel de penser que personne n'attendait de grands résultats de ma part lors de mes premiers jours d'embauche. Plutôt que de me détendre en attendant le retour du patron, je me suis porté volontaire pour prendre en charge une partie complexe d'un projet important, qui nécessitait d'apprendre une technologie avec laquelle personne dans l'entreprise n'avait travaillé jusqu'à présent… et j'ai réussi à relever le défi !

À son retour, mon patron a découvert que non seulement tout était en ordre, mais qu'en plus, j'avais résolu l'un de ses plus grands maux de tête : trouver quelqu'un pour apprivoiser cette nouvelle technologie. Dès lors, il a pu avoir complètement confiance en la qualité de mon travail. Chaque fois qu'il pouvait, il me recommandait pour les tâches les plus exigeantes. **Je n'avais plus à prouver ma valeur, mais simplement continuer sur ma trajectoire et rester à la hauteur de la bonne réputation que j'avais gagnée.**

Je te donne cet exemple pour illustrer à quel point, au début, de petites choses bien faites font toute une différence à long terme. J'ai identifié trois tactiques qui te permettront de maximiser ton impact à très court terme : apprendre quelque chose de nouveau (comme j'ai fait), avoir un impact remarqué sur un project en crise, ou encore avoir un impact positif sur un problème urgent.

Apprends une nouvelle compétence

Y a-t-il un nouvel outil que personne au bureau ne sait utiliser ? Sois le premier à l'apprendre !

Les produits technologiques modernes lancent constamment de nouveaux modules. Chaque nouvelle fonctionnalité apporte de nouveaux outils et façons de te distinguer. Il est utile de rester informé des nouveautés dans les technologies que tu utilises et de te mettre régulièrement à jour sur les nouveaux développements.

Par exemple, lorsque NetSuite a lancé SuiteAnalytics en 2018, c'était une grande opportunité pour un consultant junior d'apprendre tout ce qu'il pouvait sur le sujet, car c'était un investissement de temps qui pouvait lui apporter beaucoup de reconnaissance. Tu n'as pas besoin de tout savoir sur une technologie nouvelle pour être considéré comme un expert ; il suffit d'en savoir un peu plus que la personne avec qui tu parles. Si cette personne ne connaît rien sur cette nouvelle technologie, le simple fait d'en connaître un peu te transforme magiquement en un 'expert' à ses yeux. En somme, comme junior (cela s'applique également plus tard, mais jamais autant qu'au début de ta carrière), si tu vois une nouvelle technologie qui fait partie de la portée de ta boîte, saute dessus! Ce sera une excellente carte de visite pour la suite de ta carrière.

Sauve un projet en crise

Une autre excellente manière de te démarquer rapidement est de contribuer à un projet en crise. Les projets peuvent entrer dans un état de crise pour plusieurs raisons : un client difficile, une mauvaise compatibilité entre l'équipe et le client, un manque d'effort de l'équipe, des écarts entre la solution proposée et les exigences du client… la liste est longue. La question que tu dois garder en tête est : "Est-ce que ce je peux utiliser une de mes forces les plus saillantes pour contribuer à résoudre ce problème ?" Pour cela, il est essentiel que tu connaisses tes atouts (comme nous l'avons vu au début du chapitre) pour identifier de bonnes opportunités et avoir un grand impact à court terme.

Par exemple, si tu es organisé et méticuleux, et qu'il y a un problème de manque de documentation et de désordre dans un projet, c'est une bonne opportunité pour que tu brilles et te distingues. Un des consultants les plus talentueux que j'ai connus a utilisé exactement cette approche, quelques semaines après son embauche. Le projet venait d'être lancé en production quelques semaines auparavant et, encore et encore, l'équipe se heurtait à des problèmes d'intégration. Le plus gros problème était le manque de clarté dans ce qui causait les erreurs. Ayant constaté ce problème, le consultant a réalisé une simple analyse de Pareto, assignant une cause à chaque erreur, et en analysant la distribution. Il a ensuite préparé un rapport très simple, mettant en lumière que deux problèmes causaient à eux seuls plus de 70% des erreurs. Il va sans dire que son patron fut très impressionné, et il a été placé à la tête de l'équipe qui a présenté et livré un change order visant à régler la situation. Avec seulement quelques jours de travail acharné, il a gagné une reconnaissance qui lui sert encore à ce jour, alors qu'il est manager dans l'une des plus grandes entreprises sur le marché. Essaie, toi aussi, de trouver de telles opportunités !

Cependant, **fais attention aux impasses** : ces projets où l'on est arrivé à une impasse, où il n'y a pas de solution en vue. L'affectation doit être une victoire rapide, où tu sais que tu peux facilement contribuer. Une mauvaise affectation à un projet sans solution peut te coûter des mois de travail sans progrès. Tu pourras reconnaître une impasse par les signaux suivants : si d'autres consultants ou parties prenantes demandent à changer de projet ou démissionnent pendant qu'ils y sont ; si le projet est largement dépassé en temps et en budget ; si les exigences ne sont pas claires. Dans ces cas, fuis de là! Ça ne vaut pas la peine de s'embourber dans des causes perdues.

Identifie des petites victoires, mais urgentes

L'urgence et l'importance sont souvent confondues, mais en réalité, ce sont deux choses très différentes. Par exemple, courir pour ouvrir la porte du four à micro-ondes à 0:01 seconde pour éviter ce «beep-beep-beep-beep-beep» ennuyeux est quelque chose d'urgent: si tu ne fais pas la tâche rapidement, tu vas subir ce bruit inutile et irritant. Mais, d'un autre côté, personne n'est mort pour avoir toléré une alarme de quelques secondes.

Cela dit, de petits problèmes ont tendance à s'accumuler dans le flux de tâches. Si tu peux identifier ceux qui sont les plus urgents et les résoudre rapidement (et quand je dis rapidement, je veux dire, littéralement le plus vite possible), **tu obtiendras un bon rapport entre l'effort et la visibilité**.

Par exemple, un petit détail mais qui a une certaine urgence est la collecte de notes après une longue réunion. Celui qui l'a animée est probablement épuisé et de cette façon, tu peux lui enlever un poids. Une autre tâche plus importante et urgente peut être de créer des données génériques (dummy data) pour tester une démo qui aura lieu le même jour, c'est quelque chose de facile à faire et qui peut être très utile. Avec de petits efforts bien dirigés, tu gagneras le titre de **"solutionneur de problèmes"**.

Évaluer la pertinence de chaque projet

Nous savons tous que notre temps est limité ; c'est pourquoi il est important de décider quoi en faire. Ce n'est pas la même chose de passer nos deux premières années de carrière à remplir des feuilles bureaucratiques que d'investir ce temps dans un projet de type "licorne", ces projets rares qui attirent tous les regards.

Dans les grands projets, des décideurs clés ou des parties prenantes importantes de l'organisation du client sont généralement impliqués. Il y a **3 aspects essentiels pour comprendre la pertinence de chaque projet : l'impact** (combien il est pertinent pour ton entreprise ou pour le client), **l'urgence** de la tâche (plus elle est urgente, plus tu recevras de crédit si tu la complètes en temps et en forme) et **l'importance** des parties prenantes (c'est-à-dire combien elle est importante pour les personnes concernées).

Comment identifier les parties prenantes ? Ce sont les personnes importantes qui participent à la prise de décision, que ce soit au sein de la compagnie (ton chef, le PDG ou un autre dirigeant) ou à l'extérieur (un employé de haut rang du client, qui peut ensuite parler en ta faveur).

Pour évaluer un projet (et savoir s'il mérite ton temps), tu peux utiliser le tableau suivant :

Pertinence des projets		
Impact du projet	**Importance du *stakeholder***	**Urgence de la tâche**
Faible	Faible	Faible
Faible	Faible	Élevée
Faible	Élevée	Faible
Élevée	Faible	Faible
Élevée	Faible	Élevée
Faible	Élevée	Élevée
Élevée	Élevée	Élevée
Élevée	Élevée	Élevée

Dans ce tableau, la pertinence des projets est notée sur 3 axes : impact, urgence et importance pour les parties prenantes. **La stratégie idéale consiste à se concentrer sur les projets qui ont au moins 2 catégories de pertinence "élevée"** (ceux que l'on trouve vers la fin du tableau). Ce sont les projets qui ont le potentiel de créer un changement significatif, qui nécessitent une action immédiate et qui sont importants pour des parties prenantes clés.

En dédiant des ressources et des efforts à ces projets, tu maximises non seulement l'efficacité, mais tu renforces également les relations avec les parties prenantes les plus influentes. Choisir le bon projet peut apporter plus de visibilité à ton travail.

Utiliser l'allocation des ressources à ton avantage

Une des questions économiques fondamentales est de savoir comment allouer des ressources finies à des besoins infinis. Cela va de même pour le monde de la consultation. Pour répondre à cette question cruciale, chaque entreprise de conseil a un **processus d'allocation de ressources** par lequel elle distribue ses propres ressources (employés, heures de travail, formation) aux projets en cours. Connaître les rouages de ce processus est essentiel, car cela te permettra de l'utiliser à ton avantage.

En général, les consultants juniors n'ont pas leur mot à dire dans les attributions, mais tu peux changer cela simplement en parlant avec ton manager et en exprimant que tu cherches des tâches urgentes ou des projets problématiques. (Ne mentionne pas que ton objectif est d'obtenir une grande exposition ou d'être connu dans les hautes sphères, garde cette information pour toi. Il est préférable de se montrer intéressé à aider et non seulement à gagner en renom.)

Le processus d'attribution des ressources se déroule généralement lors de ces réunions qui se tiennent à différentes fréquences :

Mensuellement. La direction se concentre sur la planification à long terme avec un horizon d'environ six mois, pour identifier s'il y aura besoin de nouvelles embauches, de réaffectations ou de possibles lacunes de compétences. Bien que cela soit crucial pour la stratégie générale de l'entreprise, cette planification est souvent trop macro pour influencer directement les opérations quotidiennes. Cependant, tu peux l'utiliser à ton avantage : profite de ces moments pour mentionner à ton chef que tu es intéressé par de nouveaux défis, pour qu'on pense à toi la prochaine fois qu'une opportunité apparaît.

Hebdomadairement. Les managers et les chefs d'équipe se réunissent pour discuter des projets, des délais et des priorités, et attribuent des ressources en fonction de leurs compétences et de leur disponibilité. Cette réunion sert de colonne vertébrale pour l'attribution de tâches et de projets à court terme. En tant que consultant, tu dois être au courant du moment où ces réunions ont lieu pour pouvoir demander à ton manager de t'attribuer une tâche à fort impact.

Quotidiennement. La plupart des entreprises de conseil adoptent une approche agile pour planifier leur quotidien. Les équipes ont souvent une brève réunion quotidienne, souvent appelée scrum, où chaque ressource communique sa disponibilité immédiate et l'état actuel de sa tâche à son manager. Les managers utilisent cette information pour attribuer des tâches de dernière minute et accorder la priorité aux activités nécessitant une attention immédiate. Cette pratique assure que tout le monde est aligné et que les tâches les plus urgentes ne soient pas négligées. C'est le moment de parler et de te faire attribuer une tâche à fort impact.

Profite de tous ces moments de planification pour te faire entendre et demander une participation importante dans les projets.

Choisis tes batailles : trouve ton créneau

Comment identifier les opportunités

Veux-tu être le boxeur, le stratège, le créateur de potions magiques, le leader ? Dans toute aventure, chaque personnage a une compétence spéciale pour faire face aux obstacles. Cette spécialité est clé dans son parcours et définit son rôle dans une équipe. Dans ta propre aventure professionnelle, il est important de trouver ta compétence spéciale le plus tôt possible. **L'acquisition rapide d'une spécialisation peut t'aider à te différencier des autres et à construire ton identité professionnelle.** Voici quelques suggestions sur comment choisir des compétences de niche et les développer pour te distinguer parmi d'autres consultants de ton secteur.

D'abord, connaître ton marché cible et les tendances en technologie est essentiel pour prendre de l'avance sur les autres. **Tu dois identifier des domaines à forte demande et te demander quelles compétences seront précieuses dans un avenir proche** (et assure-toi d'être parmi les premiers à les acquérir !). Si, par exemple, nous sommes en 2022 et ton employeur se concentre sur la création de chatbots, tu dois comprendre que ChatGPT et d'autres générateurs de texte avec IA seront bientôt tendance. Être visionnaire dans ton secteur te permettra d'être à l'avant-garde et t'ouvrira plus d'opportunités. Tu peux rester informé en prêtant attention aux tendances, aux annonces stratégiques et aux lancements de compagnies pertinentes dans ton domaine. Sois attentif aux besoins et aux éventuelles lacunes de connaissances de ton entreprise, que ce soit à cause de nouvelles tendances ou parce que des experts ont quitté l'entreprise, pour que ton employeur se concentre sur combler ces lacunes (et cherche à être celui qui apporte cette connaissance !). Anticiper constamment les nouveautés et arriver avant les autres n'est pas facile (à moins que tu sois un devin), mais avoir les yeux toujours ouverts aide.

Ensuite, il est essentiel de **trouver ton créneau**. Te souviens-tu de ce que tu as appris dans "Bons débuts: un sprint vers ton premier succès" ? Dans cette section, nous avons vu comment obtenir un succès précoce et visible en choisissant des domaines, des projets et des tâches à haute visibilité. Tu dois être tout aussi sélectif en choisissant ton créneau. Il doit s'agir d'une spécialité où tes compétences et passions coïncident avec les besoins cruciaux de l'entreprise. C'est comme choisir le cheval gagnant dans une course : tu dois parier sur un domaine qui soit non seulement essentiel pour l'entreprise, mais aussi où tu peux te démarquer et faire une différence significative. Par exemple, je connais plusieurs consultants qui se sont rapidement concentrés sur des modules très avancés d'un produit en particulier, et sont ainsi devenus indispensables pour leurs clients et leur patron. Ou encore, tu peux décider de te spécialiser sur une compétence transversale, que tu pourras utiliser dans plusieurs contextes différents. Tout est une question de jugement : qu'est-ce qui manque le plus autour de toi ?

Acquérir de l'expérience

Une fois que tu as identifié des opportunités pour grandir, il est temps de te montrer à la hauteur ! Recherche des programmes de formation et de certification dans les compétences qui te manquent. Obtenir une certification dans une technologie spécifique ne démontre pas seulement tes compétences, mais augmente aussi significativement ton attrait pour les employeurs. C'est comme obtenir un sceau de qualité qui soutient tes connaissances et qui apporte de la valeur à ton entreprise, car elle pourra se vanter d'avoir des consultants certifiés. Plusieurs compagnies de consultation utilisent le nombre de consultants certifiés qu'ils ont lors du cycle de vente. Tu deviendras ainsi un atout !

Dans ta recherche de cours, tu pourrais en trouver certains coûteux. N'hésite pas à demander à ton manager de financer ces cours ; à long terme, l'investissement sera bénéfique. Cela peut sembler contradictoire, mais plus le cours est coûteux, mieux c'est, car cela signifie que plus de personnes dans ton entreprise devront approuver l'allocation du budget, ce qui augmente la visibilité et la valeur perçue de ton développement professionnel. Ainsi, ton désir d'apprendre sera plus visible et remarqué par plus de personnes. Tu veux être reconnu comme un expert dans le domaine, il est donc bon que ton nom et ton visage soient associés à cette compétence. La visibilité interne est la clé pour ouvrir de nouvelles portes et opportunités.

Une fois que tu as suivi le cours, ne te repose pas sur tes lauriers. La théorie ne suffit pas : il est temps de mettre ces connaissances en pratique ! Une fois que tu as acquis tes nouvelles compétences, n'attends pas qu'un projet qui les requiert arrive. Utilise proactivement tes connaissances nouvellement acquises. Trouve un projet (à travers le processus d'allocation de ressources, comme mentionné dans le chapitre précédent) qui nécessite les compétences que tu viens d'acquérir et assure-toi d'y être affecté. Il est essentiel de démontrer des résultats concrets et d'appliquer tes connaissances dans des situations réelles.

2 : Naviguer l'espace de travail

Point de contrôle

As-tu préparé ton bagage pour ces deux années de croissance ? Si tu as lu attentivement la première partie de ce livre, dans ta valise devraient se trouver : ta boussole (mission et vision), ton guide pour choisir un employeur, une autoévaluation de forces et faiblesses, et les instructions pour sélectionner des projets et niches pertinents.

Si tu es bien équipé et que tu as déjà commencé à construire une bonne réputation, tes prochaines étapes seront de renforcer ta position et de maintenir le cap sans dévier. Mais avant de continuer, voyons si tu es vraiment prêt.

J'ai élaboré une **checklist à réviser avant d'avancer**. Elle est très utile pour évaluer si tu as atteint tes objectifs pour les premiers mois ou si tu as besoin de faire des ajustements.

Ne t'inquiète pas si tu découvres qu'il te manque une condition pour continuer, tu peux prendre le temps nécessaire pour revoir les pages précédentes et ainsi arriver en bon état à la fin de cette première étape du parcours.

Checklist des six premiers mois

Comment utiliser la checklist suivante ? Très simple, révise les objectifs du tableau, groupés par mois et type de réussite, et additionne les points de ceux que tu as atteints dans tes six premiers mois de développement.

Garde à l'esprit que, pour passer à ta prochaine étape en tant que consultant, l'idéal est d'avoir un **minimum de 70 points** dans tes premiers six mois pour être sur la bonne voie. Ne t'inquiète pas si tu manques de points ou si tu ne complètes pas chaque jalon dans son mois respectif. Les délais servent de référence, mais tu peux revenir en arrière et te concentrer sur la complétion des jalons restants.

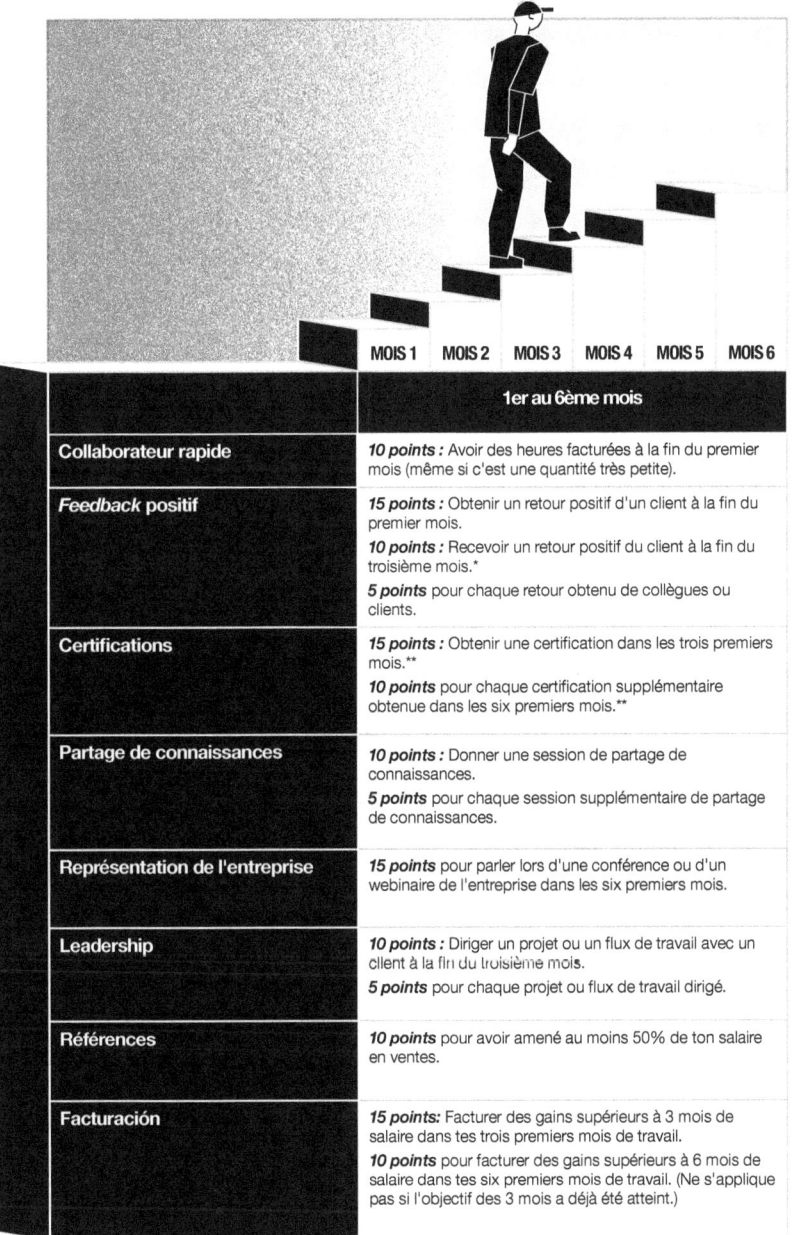

	1er au 6ème mois
Collaborateur rapide	**10 points :** Avoir des heures facturées à la fin du premier mois (même si c'est une quantité très petite).
Feedback positif	**15 points :** Obtenir un retour positif d'un client à la fin du premier mois. **10 points :** Recevoir un retour positif du client à la fin du troisième mois.* **5 points** pour chaque retour obtenu de collègues ou clients.
Certifications	**15 points :** Obtenir une certification dans les trois premiers mois.** **10 points** pour chaque certification supplémentaire obtenue dans les six premiers mois.**
Partage de connaissances	**10 points :** Donner une session de partage de connaissances. **5 points** pour chaque session supplémentaire de partage de connaissances.
Représentation de l'entreprise	**15 points** pour parler lors d'une conférence ou d'un webinaire de l'entreprise dans les six premiers mois.
Leadership	**10 points :** Diriger un projet ou un flux de travail avec un client à la fin du troisième mois. **5 points** pour chaque projet ou flux de travail dirigé.
Références	**10 points** pour avoir amené au moins 50% de ton salaire en ventes.
Facturación	**15 points:** Facturer des gains supérieurs à 3 mois de salaire dans tes trois premiers mois de travail. **10 points** pour facturer des gains supérieurs à 6 mois de salaire dans tes six premiers mois de travail. (Ne s'applique pas si l'objectif des 3 mois a déjà été atteint.)

*Le retour positif est assez subjectif, mais peut aller d'un simple mail de remerciement à une reconnaissance formelle pour ton effort.

**Garde en tête que la certification doit être utile. Elle devrait être comparable à une certification de Salesforce Associate ou similaire.

Prêt à réviser tes progrès ? Voyons jusqu'où tu es arrivé.

+85 points - "Exceptionnel" :

Si tu atteins 85 points ou plus dans les six premiers mois, félicitations, tu es un consultant naturel ! Tu es bien parti pour une carrière réussie en conseil IT. Tes collègues et chefs t'ont probablement déjà identifié comme une ressource à haut potentiel et des portes commencent à s'ouvrir pour un avenir réussi.

Déjà dans les premiers mois, tu as réussi à facturer des revenus plus élevés que ton salaire, reçu de bons retours de collègues et clients, obtenu plus d'une certification et également dirigé des initiatives. Si tu maintiens ce niveau, tu seras en mesure de réaliser ta stratégie de sortie confortablement dans les deux premières années.

70 - 84 points - "Sur la bonne voie" :

Si tu as obtenu entre 70 et 84 points, tu as eu des six premiers mois assez productifs ! Tu as posé les bases pour une carrière réussie en conseil TI et tu es prêt à construire un argument solide pour une promotion à moyen terme. Tu as pu facturer une somme importante dans les premiers mois, égale ou supérieure à ton salaire, obtenu des certifications et reçu des commentaires positifs de collègues. Peut-être as-tu déjà eu l'occasion de sauver un projet problématique à un moment critique ou d'obtenir une bonne recommandation d'un client important.

Tu n'as pas encore été identifié comme une superstar dans l'organisation, mais tu as le temps ! Tu peux continuer à travailler pour te démarquer dans les mois à venir et atteindre ta stratégie de sortie à la fin de la deuxième année.

Moins de 70 points: "Place à amélioration"

Si tu te retrouves avec un score de moins de 70 points, il peut être utile de revoir tes étapes précédentes et de renforcer tes progrès jusqu'à présent. Ce score peut être dû à des facteurs tels qu'un manque d'opportunités au sein de l'entreprise pour montrer tes compétences, une relation peu fluide avec ton manager, un manque d'alignement entre tes compétences et les tâches disponibles, ou une combinaison de tous ces éléments.

Peut-être as-tu réussi à facturer dans les premiers mois, mais pas autant que tu le souhaiterais, ou obtenu une certification précoce et de bons retours de collègues, mais tu n'as pas eu l'occasion de participer à des échanges de connaissances ou de représenter l'entreprise de quelque manière que ce soit.

Ne te laisse pas décourager, prends-le comme un signe pour engager une conversation sincère avec ton manager et explorer des options pour te démarquer dans les mois à venir. Si tu constates qu'il n'y a pas de possibilités d'amélioration dans ton entreprise actuelle, il pourrait être judicieux d'explorer de nouvelles opportunités ailleurs, pour ne pas retarder tes progrès et pouvoir atteindre ta stratégie de sortie dans les deux ans. Il y a de la place pour s'améliorer avant de continuer à avancer, mais tu as juste besoin de concentrer tes efforts pour briller !

Tous pour un et un pour tous : créer des alliances professionnelles

Prêt à continuer ? Dans cette deuxième partie du livre, tu apprendras à naviguer dans les eaux turbulentes de l'espace de travail.

Imagine ton lieu de travail comme un écosystème avec différents types de personnes jouant des rôles spécifiques. Dans toutes les sociétés, même au bureau, des hiérarchies et des rôles prédéfinis émergent. Le bureau n'échappe pas à cette règle, et tu devras pouvoir t'y retrouver pour progresser au meilleur de tes capacités. Cela fait partie de la nature humaine et, par conséquent, de la dynamique des bureaux.

Pour comprendre et naviguer dans ce réseau complexe de relations, je te propose la **liste suivante d'archétypes**. Ces archétypes sont comme des personnages dans une pièce de théâtre, chacun avec son propre rôle et style unique. Je t'assure que, si tu regardes tes collègues de bureau, tu pourras les associer à au moins un de ces archétypes.

Tableau des archétypes

La diversité au sein d'une entreprise est généralement positive : chaque type de personne a sa force et une fonction dans laquelle elle excelle.

Dans le tableau suivant, je partage certains des archétypes que j'ai identifiés au fil des ans. Tous ces archétypes de personnes sont tout aussi précieux et nécessaires. Savoir les distinguer et te reconnaître dans l'un d'eux peut t'aider à mieux comprendre tes qualités et tes critères de succès, ainsi qu'à forger des alliances utiles. Si tu es un visionnaire, par exemple, il sera avantageux de t'allier avec un homme de la renaissance qui peut s'adapter à tes idées avant-gardistes et un peu extravagantes.

Archétype	Qualités	Exemple historique ou fictive	Mesure de succès	Alliés potentiels
Le Technocrate	Spécialiste, optimisateur, solveur de problèmes, analyste	Tony Stark	Succès mesuré par la complexité des problèmes qu'il résout.	S'allier avec le Connecteur pour combiner sa capacité technique avec l'influence et la communication efficace de l'autre.
Le Connecteur	Diplomate, créateur d'opportunités, communicateur.	Jay Gatsby	Succès mesuré par son degré d'influence.	S'allier avec le Visionnaire pour apporter de nouvelles tendances et concepts à ses réseaux de contacts.
Le Pionnier	Travailleur infatigable, normes de qualité élevées.	Henry Ford	Succès mesuré par des métriques objectives et quantifiables.	S'allier avec le Sherpa pour former correctement les autres avec des normes de qualité élevées.
Le Sherpa	Excellent en formation, aide les autres consultants à apprendre.	Confucius	Succès mesuré par les réalisations de ses apprentis.	S'allier avec le Technocrate pour tirer parti de son expertise technique dans le processus de formation.
Le Visionnaire	Toujours au courant des nouvelles tendances.	Steve Jobs	Succès mesuré par le degré d'innovation qu'il génère.	S'allier avec l'Homme de la Renaissance pour faire face à des circonstances changeantes avec flexibilité et adaptabilité.
L'Homme de la Renaissance	Excellent dans des scénarios changeants, adaptable.	Leonardo da Vinci	Succès mesuré par sa capacité à exceller dans des circonstances nouvelles et fluctuantes.	S'allier avec le Pionnier pour appliquer des normes de qualité élevées dans des situations nouvelles et fluctuantes.

Soft skills pour le succès

Les gens te demandent souvent ce que tu fais et, lorsque tu réponds "consultant", ils ont du mal à comprendre ce que cela implique vraiment. As-tu déjà vu le même "Ce que les gens pensent que je fais vs. ce que je fais vraiment" ? Si quelqu'un faisait un mème pour le monde du conseil IT, nous verrions ce qui suit :

Alors, quelles sont les compétences qui t'apportent de la valeur ? L'expertise technique est importante, mais ce n'est pas tout. Dans le monde moderne, il y a un préjugé qui tend à valoriser davantage les sciences et les connaissances techniques par rapport à l'humain et au créatif. Mais ce que tu as à offrir, c'est justement ce qui n'est pas automatisable et remplaçable par une machine ou par un employé externe qui ne connaît pas les projets en profondeur. Les *soft skills*, contrairement aux compétences techniques, sont beaucoup plus difficiles à automatiser ou externaliser.

Le conseil est une industrie de services, ce qui signifie que l'élément humain ne peut être ignoré. Peu importe à quel point tu es bon en programmation ou en analyse de données, sans la capacité de communiquer efficacement tes découvertes ou de travailler en équipe, ton impact sera limité. Les clients recherchent plus que des solutions techniques : ils cherchent des consultants capables de **comprendre leurs besoins, craintes et aspirations à un niveau humain**. Tout comme un robot ne pourrait remplacer un vrai thérapeute, aucune machine ne peut calculer les réponses qu'un consultant expérimenté, empathique et tactique donnerait.

Ce dont le client a souvent besoin, c'est une oreille attentive. Au-delà des compétences techniques brillantes et des projets innovants, ta capacité à écouter attentivement et à montrer un véritable intérêt pour les besoins des autres est ce qui te différenciera des autres. Comme l'a dit Theodore Roosevelt : "Les gens ne se soucient pas de combien tu sais jusqu'à ce qu'ils sachent combien tu te soucies d'eux". Alors souviens-toi : on ne se souviendra pas de toi pour la qualité de tes solutions, mais pour la manière dont tu as fait sentir tes clients.

Les rois se couronnent à la machine à café

Les compétences sociales ne te servent pas seulement à te lier avec tes clients, mais aussi avec tes collègues. Dans le vaste royaume du bureau, les véritables leaders se forgent dans les conversations quotidiennes à côté de la machine à café. C'est dans ces moments de small talk que se révèle la magie des *soft skills*. Cela peut paraître trivial, mais la capacité à engager de petites discussions, à faire en sorte que quelqu'un se sente écouté et vu, est une compétence inestimable.

Imagine ce scénario : tu es à côté de la machine à café, attendant patiemment que cette infusion chaude et aromatique remplisse ta tasse. Un collègue entre, peut-être quelqu'un d'un département que tu connais à peine. Au lieu de te plonger dans ton téléphone ou dans tes propres pensées, tu décides de faire un commentaire décontracté sur le temps ou de demander comment s'est passé sa journée.

Ce simple geste peut avoir un impact monumental. Il peut faire en sorte que quelqu'un se sente vu, reconnu comme individu et pas seulement comme un engrenage dans la machinerie de l'entreprise. Cela est particulièrement vrai pour quelqu'un de nouveau au bureau, qui se sent peut-être perdu dans la mer de salles de réunion, de couloirs et de nouveaux noms. Pour eux, bien que tu ne sois pas là depuis beaucoup plus longtemps, tu es déjà une référence. Ils apprécieront que tu leur consacres ton temps pour les intégrer et se souviendront du geste à l'avenir. Cela peut te sembler un peu comme de "l'ingénierie sociale" et tu peux le voir comme un détail mineur, mais ces petites interactions avec tes nouveaux collègues font vraiment une grande différence dans tes relations futures.

Dans la routine du travail, les gens veulent se sentir connectés, ils veulent savoir que leurs opinions comptent et qu'ils sont appréciés. En montrant un véritable intérêt pour les autres et en pratiquant l'art du small talk, tu peux cultiver des relations significatives et te faire des alliés dans ton entreprise. Établir une connexion humaine dans un environnement de travail souvent impersonnel peut ouvrir des portes et, en fin de compte, conduire à des opportunités professionnelles inattendues.

Tu travailles à distance et tu n'as pas de machine à café où rencontrer tes collègues ? Profite alors des canaux de communication virtuels pour saluer, faire une blague, demander ce qu'ils ont fait le week-end. De plus, il y a toujours des temps morts dans les appels vidéo avant de commencer officiellement une réunion. Ne coupe pas la caméra! Montre-toi et ose interagir avec les autres. Tu verras comment de bons liens transforment l'environnement de travail en un lieu plus amical et communicatif.

Faire des éloges dans le dos des gens

Dans la série "The Office", à un moment donné, Michael (le personnage du patron) dit ceci à propos de Pam (une employée de bureau) : "Je ne le dirais jamais en face, mais c'est une personne merveilleuse et une artiste talentueuse." Bien que dans la série, Michael soit un chef terrible, il a des moments de grande clarté. L'un d'eux est ce "compliment caché" : des paroles d'éloge qui, parce qu'elles sont dites derrière le dos du destinataire, ne cherchent pas à gagner sa faveur et, justement pour cette raison, paraissent plus sincères.

Rien ne détruit la confiance plus rapidement que de découvrir que quelqu'un parle mal de toi dans ton dos. D'un autre côté, il n'y a rien de plus gratifiant que d'apprendre que quelqu'un te fait des éloges derrière ton dos. Cela est perçu comme la forme la plus authentique de compliment.

Au lieu de murmurer des critiques, choisis de partager des éloges sincères lorsque la personne n'est pas présente. L'honnêteté dans tes mots sera perçue comme authentique, créant une atmosphère de confiance et d'appréciation mutuelle au travail. Souviens-toi, un mot gentil a le pouvoir de construire des relations solides sur lesquelles s'appuyer.

Vaincre la timidité en étant introverti

Savais-tu qu'entre 25% et 40% de la population se considère introvertie ? Il existe une certaine confusion sur ce que signifie être introverti et souvent cela est confondu avec le fait d'être timide. Mais ce n'est pas nécessairement vrai.

Dans le diagramme de Venn suivant, nous pouvons observer les différences entre être introverti et timide :

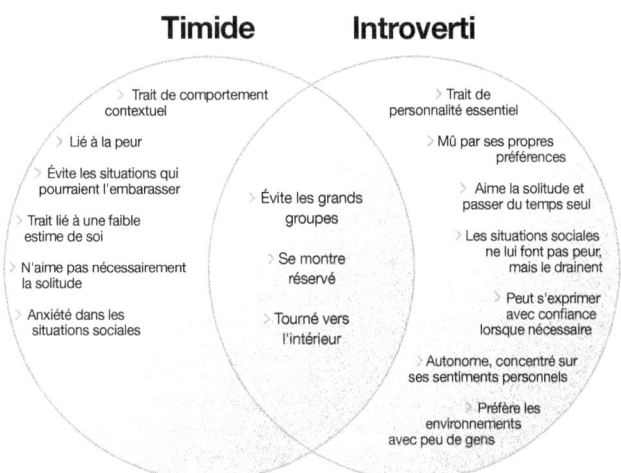

L'introversion est un trait de personnalité qui reste stable dans le temps. D'autre part, la timidité est un comportement basé sur la peur du jugement des autres, et dépend plus de ta perception de l'environnement que de qui tu es fondamentalement. Et, le plus important, la timidité peut être surmontée.

J'étais moi-même une personne très timide, et ma timidité était une expression de mon insécurité à ce moment-là. Un jour, j'étais à une réunion d'une équipe sportive que j'aidais à gérer, et nous discutions d'un sujet qui était très important pour moi et sur lequel j'avais des opinions fermes. Cependant, au lieu d'exprimer mon opinion, je la gardais pour moi. Évidemment, cela n'aidait personne. À un moment donné, l'un des membres les plus anciens du conseil, une grande personne et un grand leader, s'en est rendu compte et m'a demandé, en privé : "As-tu quelque chose à dire ? ". Quand je lui ai dit que oui, il a simplement répondu : "Alors, tu devrais parler." Il a interrompu la discussion en cours et a demandé à tout le monde de m'écouter. Il m'a appris que mon seul obstacle pour donner mon avis, c'était moi-même. Et depuis, je n'ai jamais cessé de m'exprimer.

En tant que consultant, être introverti n'est pas nécessairement une mauvaise qualité, au contraire : tu as besoin de te concentrer sur toi-même pour concevoir tes meilleures solutions et résoudre des problèmes par toi-même. Cependant, tu devras surmonter ta timidité. Assume que tu es le protagoniste du film, parce que, d'une certaine manière, tu l'es.

Pour la plupart des clients, travailler avec des consultants est une expérience excitante qui les sort de leur routine ennuyeuse au travail et leur confère un certain statut sur leur lieu de travail. Assume ton rôle et utilise-le pour les faire briller: utilise ta présence pour faire sentir quelqu'un en sécurité et visible. Tu peux poser une question pour mettre en valeur cette personne qui ne participe jamais ou simplement céder la place à celui que tu vois qui n'ose pas donner son avis. De cette manière, le client ou collègue à qui tu donnes la parole appréciera que "la star du jeu lui passe la balle".

Conseils pour une communication efficace

T'es-t-il déjà arrivé de sauter de réunion en réunion sans progresser concrètement sur quoi que ce soit ? Toutes les discussions ne sont pas utiles, en particulier si celui qui les dirige ne sait pas les guider dans la bonne direction ni être concis quand il le faut.

Pour éviter cela, en plus de t'encourager à lever la main et à élever la voix, il est également important que tu apprennes à être direct et clair pour avoir des réunions productives.

Je vais te donner quelques **conseils pour modérer des réunions efficaces**, où le temps de tous est maximisé

- **Organise la réunion avec un ordre du jour et des objectifs clairs** (ne dédouble pas la discussion en plusieurs réunions qui n'aboutissent à aucune solution).

- **Résume tes pensées de manière compréhensible** pour les autres. Ordonne tes idées dans une structure logique, du général au particulier, du contexte au problème. Évite simplement de parler sans fil conducteur. Pour cela, avoir des notes préparatoires comme guide est utile.

- **Termine de la réunion avec des actions concrètes.** Il est crucial que les débats aboutissent à des solutions efficaces. Si tu vois que la réunion touche à sa fin sans conclusions claires, essaie de guider la conversation vers une conclusion pour obtenir des takeaways avant de terminer.

Ces actions t'aideront à organiser tes efforts pour mieux communiquer tes idées. Il est important de se rappeler que ce n'est pas seulement ce que tu dis qui compte, mais comment tu le dis. C'est pourquoi la clarté et l'organisation sont les meilleures qualités que tu peux acquérir pour maîtriser n'importe quelle discussion.

Lire ton public

Peu de gens atteignent le niveau de Michael Scott dans "Diversity Day" (et, si tu ne sais pas de quoi je parle, je te recommande de regarder cet épisode de The Office), mais souvent nous pouvons faire des faux pas en travaillant avec des personnes de différents milieux..., même si tu as les meilleures intentions. Cela peut t'arriver avec des gens d'autres pays, mais aussi avec tes propres compatriotes. Même à l'intérieur des frontières d'une même nation, nous trouvons une étonnante variété de traditions, de valeurs et de manières de travailler.

La clé pour t'adapter à chaque environnement est de lâcher tes attentes et préjugés. Toutes les personnes ne rentrent pas dans les moules auxquels nous sommes habitués. Dans ce sens, il est essentiel d'éviter le piège de l'excès de confiance et de la précipitation lors de l'engagement d'une conversation avec un client ou un manager. Tu ne peux jamais être sûr que quelque chose que tu dis en plaisantant ne sera pas reçu comme une insulte par ton interlocuteur. La dernière chose que tu veux, c'est que ton client te considère comme offensant !

Laisse-moi te partager une anecdote qui illustre bien à quel point cet équilibre entre bonnes intentions et mauvais résultats peut être délicat. Il y a quelque temps, un ami était à une première réunion avec un nouveau client. Lors de la présentation, le client a commenté, comme une note amusante, qu'il s'appelait Michael, mais que tout le monde l'appelait Mikey. La seule qui l'appelait Michael, expliquait le client, était sa mère, et seulement quand elle le réprimandait. La réunion a continué et, à un moment donné, le client a posé une question à la chef de projet qui dirigeait la réunion. Il s'est avéré que cette question avait déjà été résolue dans un mail précédant la réunion. La chef de projet, dans une tentative de faire une blague, lui a répondu comme si elle le réprimandait : "Michael ! N'as-tu pas lu mon dernier mail ?". Cependant, son humour n'a provoqué aucun rire... Le client n'a pas compris son intention et est resté mal à l'aise et légèrement offensé : pourquoi la chef de projet utilisait-elle ce ton et insistait-elle pour l'appeler "Michael" malgré sa demande ?

Comme tu le vois, chaque situation a ses subtilités. Toutes les personnes ne s'expriment pas de la même manière que nous ni ne rient des mêmes choses. C'est pourquoi, il est probable (surtout si nous ne connaissons pas bien l'autre personne) que nous rencontrions des obstacles inattendus si nous essayons d'entrer en confiance prématurément. Au lieu de se précipiter, il est essentiel de prendre le temps de comprendre et de s'adapter à chaque personne. Ou, si cela n'est pas possible, de respecter une distance aimable, mais correcte. En faisant cela, tu évites les faux pas et les moments possibles de malaise, comme celui vécu par la cheffe de projet avec Michael, ou plutôt, avec Mikey.

Deviens ami avec le monde de l'IT

"Chez le forgeron, couteau de bois", dit le proverbe. Mais ferais-tu vraiment confiance à un tel forgeron ?

Une règle d'or pour tout travail est de bien connaître ton métier. Montrer un intérêt sincère pour ce que tu fais te permet non seulement de connaître les dernières nouveautés du secteur, mais aussi de te connecter avec tes collègues et clients.

Dans cette section, nous verrons comment montrer un intérêt authentique pour ton industrie et devenir un nerd dans ton domaine, au meilleur sens du terme.

Connais le *lore* de ton industrie

Ne te limite pas à accomplir tes tâches : plonge-toi pleinement dans le monde de la technologie ! Ton objectif doit être de devenir un nerd. Cultive une obsession pour les détails et les anecdotes sur les outils et les logiciels que tu utilises.

Il est essentiel de connaître le lore de ton industrie. Le *lore* se réfère à l'ensemble des connaissances et traditions entourant un monde particulier. Dans ce cas, celui de la technologie. Chaque outil avec lequel tu travailles a son histoire et son évolution au fil du temps, ses grands mythes et secrets. Devenir un expert dans ce domaine te permettra de devenir une autorité sur le sujet et de gagner la confiance de tes clients et collègues.

Pour cela, recherche des livres ou des publications sur la technologie avec laquelle tu travailles. Les blogs et forums de consultation sont également utiles ! Il y a souvent beaucoup de matériel disponible en ligne pour s'informer sur le sujet. Il est utile de pouvoir ajouter aux discussions des commentaires comme: "J'ai entendu dire que cette nouvelle fonctionnalité sera un point clé dans la prochaine mise à jour", ce qui peut enrichir et approfondir les conversations.

La confiance comme monnaie d'influence

Te souviens-tu de ces procès dans les films, où le procureur analyse chaque détail de l'accusé avec un œil méticuleux ? Eh bien, quand tu es consultant, ton comportement est sous la loupe, et il doit être irréprochable. Un petit manquement peut ruiner ta réputation.

L'éthique n'est pas simplement un attribut qu'il est bon d'avoir ; elle est centrale dans ta carrière. Une bonne éthique, soutenue dans le temps, est ce qui te gagnera la confiance de tes clients. Et la confiance est l'actif le plus précieux que tu puisses posséder. C'est la monnaie avec laquelle tu acquiers de l'influence, construis des alliances solides et solidifies ta réputation.

Pour gagner la confiance des autres, il faut des paroles et des actions: il ne suffit pas de dire que tu es le meilleur (bien que ce soit bon que tout le monde le sache), il faut aussi l'être.

Henry Ford disait : "Tu ne peux pas construire une réputation sur ce que tu vas faire". Et c'est vrai. La confiance se construit en tenant tes promesses. Tu peux être sympathique, faire des éloges, être le roi de la conversation informelle, mais si les gens doutent de tes compétences ou de tes intentions, tu es fichu.

Dans la suite, nous verrons comment tu peux gagner la confiance de tes collègues et clients.

L'art de donner

Les gestes de solidarité envers les autres collègues de travail ne te valent pas seulement une réputation d'intégrité, mais aussi des alliés. Chaque fois que tu le peux, prends le temps de rendre service à un autre. Cela peut être un détail mineur, mais urgent. Si tu vois un collègue en difficulté qui ne peut pas arriver à temps à une réunion importante, tends-lui la main et propose-toi pour modérer la discussion ou de prendre des notes. Par exemple, une fois, j'ai pu aider un collègue dans quelque chose de très mineur, que probablement personne n'a remarqué sauf lui. C'était son premier appel avec un client et il devait partager son écran lors de la réunion. On voyait qu'il était très nerveux, car c'était sa première expérience en face à face avec le client. Pendant l'appel, j'ai remarqué que la batterie de son ordinateur était presque épuisée. Alors, je me suis levé, suis allé chercher son chargeur à son bureau, suis revenu et l'ai branché. J'ai pu voir le soulagement sur son visage. Parfois, il ne faut pas grand-chose, mais si c'est sincère et que cela transmet le message "je suis là pour t'aider", cela sera remarqué.

Il y a des situations plus complexes, où tu devras évaluer le coût de ce service. Par exemple, lorsque tu es sur un projet qui échoue à cause d'une erreur d'un collègue et non de la tienne, qui doit assumer la faute ? Bien qu'il soit risqué d'être associé à un échec, assumer la responsabilité pour une défaillance de l'équipe démontre également un esprit de responsabilité. Cela prouve que tu es capable de prendre la responsabilité de tes actions et de celles de tes collègues. Cette attitude peut montrer que tu as l'étoffe d'un "superviseur" naturel. De plus, tu gagneras pour toujours l'alliance des collègues qui ont effectivement commis l'erreur et que tu as sauvés.

Les réseaux de soutien sont fondamentaux : chaque main que tu aides à lever peut, en fin de compte, t'aider à atteindre de nouveaux sommets. Aider les autres dans un moment difficile crée non seulement des alliances, mais te montre également comme un pilier pour les autres et comme quelqu'un prêt à assumer de plus grandes responsabilités.

Le rôle thérapeutique

Il est prouvé que les personnes en qui nous avons le plus confiance et avec qui nous nous ouvrons le plus sont celles qui prennent soin de notre santé. Nous valorisons nos médecins et psychologues parce que nous supposons qu'ils cherchent notre bien-être. Et, dans nos dialogues avec eux, nous apprécions leur ton rassurant et patient.

Ce ton est celui que tu devrais adopter avec tes clients et collègues pour être une figure thérapeutique pour eux. Tes paroles doivent exprimer : "Je suis ici pour t'aider". Apprends à écouter comme un médecin écoute un patient : pratique l'empathie et montre un intérêt authentique pour leurs préoccupations et besoins.

Quand tu communiques avec empathie et attention, tu ne crées pas seulement un environnement de confiance, mais tu montres aussi aux autres que tu valorises leurs pensées et émotions. La confiance en un consultant est essentielle pour que ses opinions soient prises au sérieux. Si un client considère que son consultant le connaît bien et protège ses intérêts, il deviendra un allié fidèle pour le recommander et le promouvoir.

La discrétion, un atout important

Devant un consultant, le client se met à nu : nous connaissons ses chiffres, ses problèmes et ses secrets. Il est clairement préoccupant pour les clients de partager ces informations avec une entreprise et des employés qu'ils ne connaissent pas de près. S'ils ne font pas confiance à 100% à leur consultant, il sera difficile qu'ils soient sincères et transparents avec lui. C'est pourquoi il est essentiel de démontrer que tu es une personne à l'éthique irréprochable et le meilleur des confidents.

Parfois, de petits détails, comme t'assurer de ne pas montrer ce que tu ne dois pas quand tu partages ton écran, font la différence. Cela semble mineur, mais ce ne serait pas la première fois qu'un client se sent lésé en voyant un document sensible lors d'un appel. Une fois, un collègue à moi a partagé son écran, et l'un des onglets montrait un article sur comment "engager une action en justice contre ton employeur". Inutile de dire que cette réunion ne s'est pas très bien passée...

Un autre bon conseil : désactive toutes les notifications pendant les réunions, toujours. Si tu es en réunion avec l'entreprise ABC, tu ne sais jamais si un collègue peut t'écrire sur Slack en plaisantant : "Pauvre toi, deux heures avec l'Entreprise ABC", juste au moment où tu partages ton écran avec son directeur. Zoom, Google Meet et d'autres outils de vidéoconférence ont une excellente fonction qui permet de choisir si montrer tout l'écran ou juste un onglet spécifique. Utilise toujours cette option pour éviter des moments gênants.

Un autre conseil important est d'être honnête et cohérent dans ton travail: ne falsifie pas tes heures de travail et ne parle pas de tes autres clients. Tes clients veulent savoir qu'ils ont toute ton attention et ton temps. Ils ne veulent pas découvrir que tu enregistres plus d'heures que celles que tu travailles réellement, ni entendre parler de tes autres clients (qui peuvent même être des concurrents). Ne te montre pas paresseux, ni parle de tes ex: fais en sorte que chaque client se sente spécial.

Souviens-toi, l'éthique n'est pas simplement un ensemble de règles: c'est une philosophie de travail qui définit qui tu es en tant que consultant. L'intégrité et le respect de la confidentialité sont des aspects qui te rendent digne de confiance. Et si les clients ont confiance en toi, ils seront disposés à mettre leurs entreprises entre tes mains.

Négocier comme un patron

Dans le monde des affaires, savoir négocier est un art inestimable. Comprendre comment parler pour toi-même, comment présenter tes réussites et, le plus important, comment convaincre les autres de ta valeur, sont des compétences fondamentales pour avancer dans ta carrière.

Négocier ne consiste pas simplement à demander plus d'argent ou un meilleur titre. Il s'agit de présenter ton cas de manière convaincante et assurée : exprimer comment tes contributions ont fait avancer l'entreprise et pourquoi te récompenser en conséquence et investir en toi est dans l'intérêt de la compagnie. En fin de compte, la négociation efficace peut être la clé qui ouvre des portes et te mène à de nouveaux horizons.

Il est important de non seulement savoir quoi dire, mais aussi de comprendre le contexte, lire les signaux et présenter ton cas de manière à obtenir un "oui" retentissant de ton chef. Pour cela, tu dois découvrir comment négocier avec la confiance non pas d'un employé, mais d'un patron.

Le *timing* est primordial

Quand tu étais petit, tu avais probablement identifié avec précision ces moments parfaits pour demander un service à tes parents. Tu n'allais pas demander un jouet nouveau quand tu les voyais stressés ou distraits, mais quand tu savais qu'ils étaient de bonne humeur et avaient l'argent pour te l'acheter. Demander à un autre moment pouvait signifier des réponses comme "On verra demain", "On en parle plus tard" ou directement un "non" catégorique.

Il en va de même lorsque tu veux demander une promotion ou une augmentation de salaire au travail. Les évaluations de performance sont des moments cruciaux pour faire ces demandes, quand il y a le budget et le temps pour en discuter.

Les promotions et augmentations au sein d'une entreprise suivent généralement un calendrier spécifique. Tu dois connaître ces étapes et quand faire savoir à ton chef ce que tu recherches. Aux États-Unis, par exemple, les révisions budgétaires se font généralement au quatrième trimestre, vers la fin de l'année fiscale, pour obtenir des définitions pour le premier trimestre de l'année suivante. Assure-toi de discuter de tes attentes salariales avant que les décisions budgétaires ne soient finalisées, car cela peut te placer dans une position avantageuse lors des négociations.

Établir et atteindre des objectifs concrets

Rien ne prouve mieux un cas que de se référer à des preuves. Pour mesurer ton progrès lors des évaluations de performance, les entreprises ont tendance à se tourner vers des résultats concrets. C'est pourquoi tu dois t'assurer d'avoir quelque chose à montrer.

Il est important de fixer au début de chaque période une série d'actions concrètes que tu peux réaliser à court terme : tes indicateurs clés de performance (KPI). Tes KPI peuvent impliquer, par exemple, des retours positifs, des contributions internes ou l'acquisition de nouveaux clients. Assure-toi de suivre tes KPI mois par mois, car ils seront la preuve tangible de ta contribution à l'entreprise.

Une autre façon de démontrer des résultats concrets est de montrer les formations que tu as suivies récemment, ton score dans les évaluations, tes heures de travail pour chaque projet et les retours positifs de tes clients. Rassemble tout ce qui ajoute à ton argument : il vaut mieux ennuyer ton chef avec une présentation trop longue que d'avoir peu de résultats à ton actif.

Pour t'organiser, tu peux utiliser un outil de suivi de projets et de réussites, pour documenter tes succès, les projets sur lesquels tu as travaillé et les éloges que tu as reçus des clients. Ainsi, lorsque viendra le moment de l'évaluation de performance, tu auras des données concrètes et des réalisations spécifiques qui soutiendront tes demandes d'augmentation salariale.

Comment présenter ton cas

L'évaluation de performance approche et tu as rempli tous tes KPI ? Il est temps de défendre ta présentation !

Une fois que tu as des réussites à montrer et que tu as analysé ta situation et tes besoins, l'étape suivante est de faire un benchmark de ton rôle sur le marché. Il est bon de savoir à quelles positions tu peux aspirer avec ton expérience et quels salaires sont généralement payés pour ces responsabilités.

Effectue une recherche de marché en utilisant des outils comme

Glassdoor et Robert Half, ou trouve des recruteurs dans ton domaine et des guides salariaux avec des informations sur les entreprises qui t'intéressent. Ces ressources te fourniront des données clés sur les salaires dans ton industrie.

Une fois que tu as une idée claire de tes attentes salariales et une fourchette déterminée (où ton objectif réel est le minimum de ce que tu demandes), n'oublie pas de souligner tes réussites à travers des résumés de projets et des témoignages de clients. Ceux-ci sont tes meilleurs alliés pour montrer comment tes compétences et contributions ont eu un impact positif sur l'entreprise et ses clients.

Presque prêt! Il ne te reste que la partie la plus difficile : te préparer pour la négociation. Si tu as des difficultés à formuler ta demande ou si tu ne sais pas quoi dire pour briser la glace, ne t'inquiète pas. Tu peux utiliser certaines techniques du livre "Never Split the Difference", qui m'ont beaucoup aidé dans mon parcours. Voici quelques-unes de ces techniques :

- **Auditer l'accusation.** Anticipe les préoccupations éventuelles de ton chef avant qu'il ne les exprime. Par exemple, commence par dire: "Je sais que le budget pour l'année prochaine est limité, ce qui rend chaque décision encore plus difficile...", puis démonte cet argument et explique pourquoi il vaut quand même la peine de t'accorder cette augmentation.

- **Commencer par un 'non'.** Commencez par exposer la difficulté de votre cas, pour qu'on vous argumente le contraire et ainsi ouvrir la discussion sur vos attentes. Vous pourriez demander: 'Penses-tu que ce serait ridicule de demander une augmentation de 20% après seulement un an de travail acharné ici ?'. L'idée est que votre patron dirait 'non', ce qui le conditionnerait à commencer à défendre l'idée que c'est en fait une demande raisonnable.

- **Utilise la règle des 11 %.** Lorsque tu fais une contre-offre, demande 11 % de plus que ce qui est initialement proposé et évite les chiffres ronds. Par exemple, au lieu de demander 90000 $, demande 90550 $. Et si ton chef te propose 80000 $, n'hésite pas à demander une contre-offre de 88800 $. Cela donne l'impression que tu as effectué une recherche détaillée et que tu as un chiffre spécifique en tête.

- **Le "demande en plaisantant".** Mentionne ta future promotion comme si c'était une plaisanterie, pour que tu puisses insister sur le sujet de manière subtile. Par exemple, si on te demande si tu as du temps pour une nouvelle tâche, tu pourrais répondre sur un ton léger : "Tout ce qui me rapproche de cette augmentation, haha ! ". Ou parle occasionnellement tout au long de l'année des choses que tu achèterais avec ton augmentation, de manière à ce que l'idée soit toujours présente, même si c'est sur un ton détendu et en plaisantant.

Rappelle-toi, il ne s'agit pas d'être arrogant, mais de montrer de la confiance en tes compétences et ambitions de manière positive et authentique. Présenter ton dossier avec confiance et préparation peut faire toute la différence.

Gestion de crises

L'importance de déléguer : l'opérateur du 911

L'importance de savoir déléguer dans le monde du conseil est comparable à la fonction d'un opérateur d'urgence qui reçoit et gère les appels d'urgence au 911 et assigne les ressources nécessaires pour gérer des situations de crise. Sans ces autres ressources (médecins, policiers, pompiers), l'opérateur ne pourrait rien faire.

Même les meilleurs consultants ont besoin d'une équipe autour d'eux pour obtenir les meilleurs résultats. Apprendre à déléguer est essentiel, bien que cela puisse parfois être difficile. Parfois, nous pensons : "Oh, faire la tâche me prendrait 15 minutes, mais l'expliquer prendrait 30 minutes". Même si cela est vrai, l'accumulation de tâches peut rapidement devenir écrasante. D'autre part, exécuter la tâche en question ne signifie pas nécessairement la fin de la conversation. Dans le monde du service conseil, plusieurs autres étapes sont souvent requises avant de pouvoir considérer un sujet comme clos. Par exemples: produire de la documentation, effectuer une démonstration, ou encore écrire un courriel. On a souvent tendance à oublier l'ampleur des tâches subséquentes. Prendre le temps de déléguer le sujet permettra de transférer la responsabilité des étapes subséquentes, ce qui te sauvera du temps. Cela pourrait aussi permettre de générer une bonne opportunité pour un collègue qui serait à la recherche d'une manière de se démarquer. Imagine un chef qui essaie de cuisiner six plats en même temps, d'éplucher douze types de légumes différents et de nettoyer la cuisine simultanément. Ce serait un chaos.

Ce que tu dois faire, c'est d'abord identifier quelles tâches tu peux déléguer. En général, ce sont les tâches les plus simples qui, bien qu'elles ne soient pas compliquées, prennent beaucoup de temps et ont tendance à se répéter. Deuxièmement, identifie à qui tu peux déléguer ces tâches. Ici, la qualité prime sur la quantité. Il vaut mieux faire confiance à un petit nombre de personnes de confiance, généralement de 1 à 5. Par exemple, j'ai tendance à avoir un développeur de confiance pour chaque type de tâche dont j'ai besoin, et je sais que je peux compter sur eux quand j'en ai besoin. Ainsi, tu peux être sûr que les tâches seront effectuées de manière efficace et dans les délais, ce qui te permettra de te concentrer sur les responsabilités qui nécessitent vraiment ton expertise et tes compétences uniques.

Comme l'opérateur d'urgence qui dirige les appels vers le personnel approprié, savoir déléguer te permet de gérer efficacement les crises et de maintenir un flux de travail sans problème.

Comment déléguer avec succès

Comme nous l'avons dit précédemment, déléguer est essentiel et nécessaire. Pour déléguer correctement, il est essentiel de respecter la chaîne de commandement. Tu dois savoir à qui contacter pour chaque tâche ou consultation, que ce soit des collègues, le chef de projet ou différents départements de l'entreprise.

Il est crucial de connaître les canaux de communication appropriés ainsi que le format correct pour formuler tes demandes et tes questions. Si ton équipe a des réunions de suivi quotidiennes, utilise-les. Si ce n'est pas le cas, communique avec ton chef de projet et aie déjà en tête la personne appropriée à contacter (comme nous l'avons dit précédemment, ton manager appréciera que tu viennes déjà avec une solution et que tu aies fait les recherches nécessaires pour déléguer la question rapidement). Par exemple, si une tâche nécessite l'avis d'un autre consultant, essaie d'identifier qui pourrait t'aider, renseigne-toi sur sa disponibilité pour t'aider et, seulement ensuite, demande à ton manager s'il pense qu'ils peuvent transférer la demande.

Pour encadrer les demandes de manière appropriée, je recommande d'avoir une méthode préférée que tu utilises régulièrement et qui structure ta demande. De cette façon, l'information est structurée de manière claire et il est plus facile d'obtenir une réponse concrète et rapide. En outre, cela aide à améliorer ton image professionnelle, en te montrant comme quelqu'un d'organisé et de méthodique. Personnellement, j'utilise souvent ma méthode NORD, que tu peux incorporer et adapter selon tes préférences :

- **Nécessité.** Écris ce dont tu as besoin dans ta demande, essaie d'être concis et clair. Par exemple : "J'ai besoin de charger les données des clients dans le système".

- **Objectif.** Écris quel est l'objectif de ta demande, ce qu'elle cherche à accomplir. Par exemple : "Que tous les clients soient chargés dans le système avec un rapport de validation".

- **Raison.** C'est une tâche urgente et j'ai besoin d'un coup de main supplémentaire.

- **Délai.** Avant la fin de la journée de demain.

Rappelle-toi, la clarté et l'empathie sont clés lors de la délégation de tâches. En communiquant tes besoins de manière précise et respectueuse, tu facilites le processus pour tous et, plus important encore, tu évites de perdre du temps sur des tâches très spécifiques ou administratives.

3. Arriver à bon port

3 : Arriver à bon port

Point de contrôle

Tu as déjà parcouru un long chemin et ton objectif de deux ans approche. Il est temps de te préparer pour ton débarquement en tant que consultant sénior ! Pour t'assurer d'atteindre ces nouvelles rives en bon état, il est crucial que tu aies une stratégie de sortie claire.

Mais avant, voyons si tu as rempli toutes les étapes précédentes.

Pour te préparer à ta stratégie de sortie, tu dois remplir certaines conditions. Certaines dépendent directement de toi, et d'autres, comme obtenir une augmentation ou des affectations à des projets pertinents, impliquent d'autres acteurs. Mais si tu as suivi les conseils que je t'ai partagés dans la partie 2, tu verras qu'ils se réaliseront rapidement et tu seras prêt pour cette dernière étape.

J'ai préparé la liste suivante pour vérifier que tu as rempli les étapes précédentes du processus. Et si tu découvres que tu n'y es pas encore, ne t'inquiète pas ! Tu peux revoir le chapitre précédent et voir sur quels points insister.

Checklist des premiers 18 mois

Tu as déjà connu cette checklist lors de ton premier point de contrôle à 6 mois. Maintenant, il est temps de revoir les objectifs que tu as atteints depuis lors jusqu'aux premiers 18 mois de carrière.

Pour passer à ta prochaine étape en tant que consultant, l'idéal est que tu aies accumulé au moins 85 points au cours de la dernière année pour être bien orienté pour atteindre ta stratégie de sortie :

	7ème au 18ème mois
Collaborateur rapide	**15 points :** Obtenir un taux moyen d'heures facturées de +85%. **10 points :** Obtenir un taux moyen d'heures facturées de 70-84%
Retours positifs	**5 points** pour chaque retour positif obtenu de collègues de travail ou clients.
Certifications	**10 points** pour chaque certification obtenue.
Partage de connaissances et améliorations continues	**15 points** pour chaque amélioration de processus approuvée et mise en œuvre dans un projet. **10 points** pour chaque amélioration de processus approuvée, mais pas encore mise en œuvre. **5 points** pour chaque session de partage de connaissances que tu donnes.
Représentation de l'entreprise	**10 points** pour chaque conférence, webinaire ou événement auquel tu participes en tant que représentant de l'entreprise.
Leadership dans des projets communs	**15 points** pour chaque grand projet ou flux de travail que tu diriges. **10 points** pour chaque projet ou flux de travail moyen que tu diriges. **5 points** pour chaque projet ou flux de travail régulier que tu diriges.

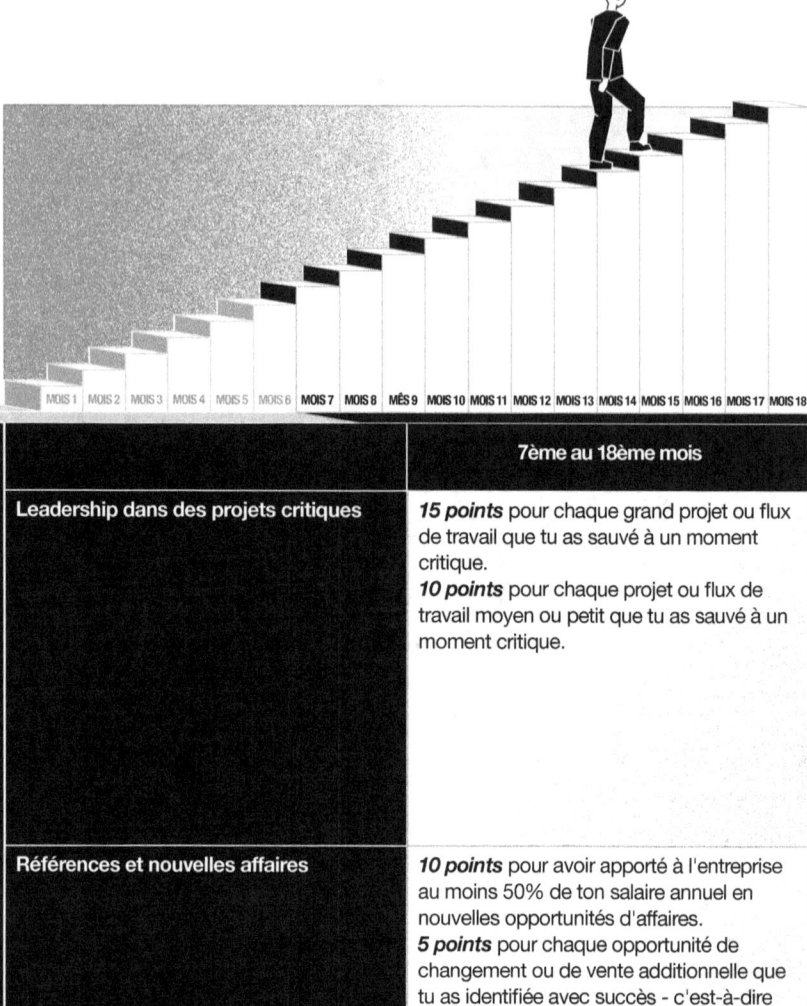

	7ème au 18ème mois
Leadership dans des projets critiques	**15 points** pour chaque grand projet ou flux de travail que tu as sauvé à un moment critique. **10 points** pour chaque projet ou flux de travail moyen ou petit que tu as sauvé à un moment critique.
Références et nouvelles affaires	**10 points** pour avoir apporté à l'entreprise au moins 50% de ton salaire annuel en nouvelles opportunités d'affaires. **5 points** pour chaque opportunité de changement ou de vente additionnelle que tu as identifiée avec succès - c'est-à-dire qu'elle a donné lieu à des revenus additionels
Facturation et négociation	**15 points** si ta facturation a été plus du double de ton salaire de l'année dernière. **10 points** si ta facturation a été 1,5 fois plus élevée que ton salaire de l'année dernière. **5 points** si tu as utilisé la méthode du "demande en plaisantant", de la section "Négocier comme un patron", pour demander une augmentation ou une promotion.

As-tu déjà mesuré ton progrès ? Voyons comment tu t'en es sorti...

+85 points - "Exceptionnel" :

Si tu as atteint 85 points ou plus cette dernière année, félicitations, tu es prêt pour la suite ! Tu te démarques parmi tes collègues par tes contributions constantes en matière de nouveaux business, d'amélioration des processus et de réussite dans les projets les plus compliqués. De plus, tu n'hésites pas à partager tes connaissances avec les autres et à prendre l'initiative de représenter ta société de la meilleure manière. Tu es prêt pour te diriger vers ta stratégie de sortie!

70 - 84 points - "Sur la bonne voie" :

Si tu as obtenu entre 70 et 84 points, tu as eu une bonne année. Il y a de la place pour l'amélioration et pour te démarquer, mais tu es déjà connu comme un collaborateur fiable et travaillant, qui montre de la responsabilité en dirigeant des projets et des initiatives. Pour te positionner encore mieux face à ta stratégie de sortie, essaie de gagner des points avec certains des accomplissements que tu as encore en attente : cherche de nouvelles opportunités d'affaires, prends en charge un projet en crise ou obtiens plus de retours positifs de la part des clients.

Moins de 70 points : "Place à l'amélioration"

Si tu te retrouves avec un score de moins de 70 points à ce stade, il est temps d'accélérer ou d'analyser ta situation actuelle. As-tu des possibilités de te démarquer dans ta société actuelle ? Alors, saisis-les. Lève la main lorsque des tâches avec des projets critiques ou des clients importants se présentent. Tu peux aussi te proposer pour donner des conférences, des webinaires ou des formations. Il est important que, dans cette dernière ligne droite, tu aies des opportunités de te démarquer. Si tu constates que dans ton entreprise actuelle, tu n'as pas d'espace pour le faire, n'aie pas peur de chercher de nouvelles opportunités au lieu de rester stagnant. Repasse le dernier chapitre et analyse quelle action tu peux prendre pour gagner des points dans ton travail.

Comment parler avec autorité sans paraître arrogant

Prêt à continuer ? Préparons ton débarquement !

Tu as mesuré tes accomplissements et tu sais que tu es un consultant étoile. Cette confiance est clé pour te présenter au monde : les gens font confiance à ceux qui dégagent de la confiance. Mais il faut toujours garder à l'esprit cette fine ligne qui sépare la confiance de l'arrogance.

Une des compétences les plus importantes pour renforcer ton image en tant que personne de confiance est de pouvoir parler avec autorité sans paraître condescendant. Personne n'aime une personne prétentieuse, et le ton avec lequel tu donnes tes opinions est clé pour éviter que tes collègues finissent par te détester. Bien que tout le monde veuille les conseils d'un expert, personne ne tolère un je-sais-tout.

Au lieu d'adopter une posture théorique et pédante (je reconnais être un pédant en voie de guérison), il est crucial de partager des expériences réelles et pratiques. Les jeunes diplômés ont tendance à parler avec des mots pompeux et à citer des auteurs et des textes reconnus. Mais un conseiller pragmatique, avec des années sur le terrain, se distingue sans besoin de se vanter, grâce à son expérience même.

Permets-moi de te raconter une anecdote illustrative. Environ deux ans après le début de ma carrière, j'étais dans une réunion avec un client et un consultant plus expérimenté, qui avait un excellent style de communication. Nous examinions les segments financiers que le client proposait d'utiliser dans le système pour montrer les gains par pays, canal de vente, etc. Dans cette réunion, le client nous a fourni sa liste de lignes de produits, qui incluait des éléments comme: Outils; Services, Pièces et Accessoires ; Programmes de Formation et Certification ; Clients Individuels; Clients Industriels; Clients Commerciaux; Clients Américains ; Clients Non Américains. Évidemment, cette liste n'avait aucun sens. Elle mélangeait des lignes de produits avec des catégories de clients. J'ai commencé à essayer d'expliquer cela au client, mais il ne semblait pas comprendre mon message, chargé de mots pompeux et de phrases longues. Après quelques minutes d'aller-retour sans succès, le consultant plus expérimenté m'a interrompu et a simplement dit : "Ces segments n'ont pas le même critère. Nous avons besoin qu'ils soient du même type." Et là, le client a immédiatement compris. Cet exemple montre que parfois, tout ce dont tu as besoin est d'être bref et concis pour mieux communiquer.

Trouves-tu difficile d'adopter le bon ton pour donner ton opinion ? Voici quelques exemples qui illustrent la différence entre des paroles vides et des commentaires vraiment basés sur l'expérience.

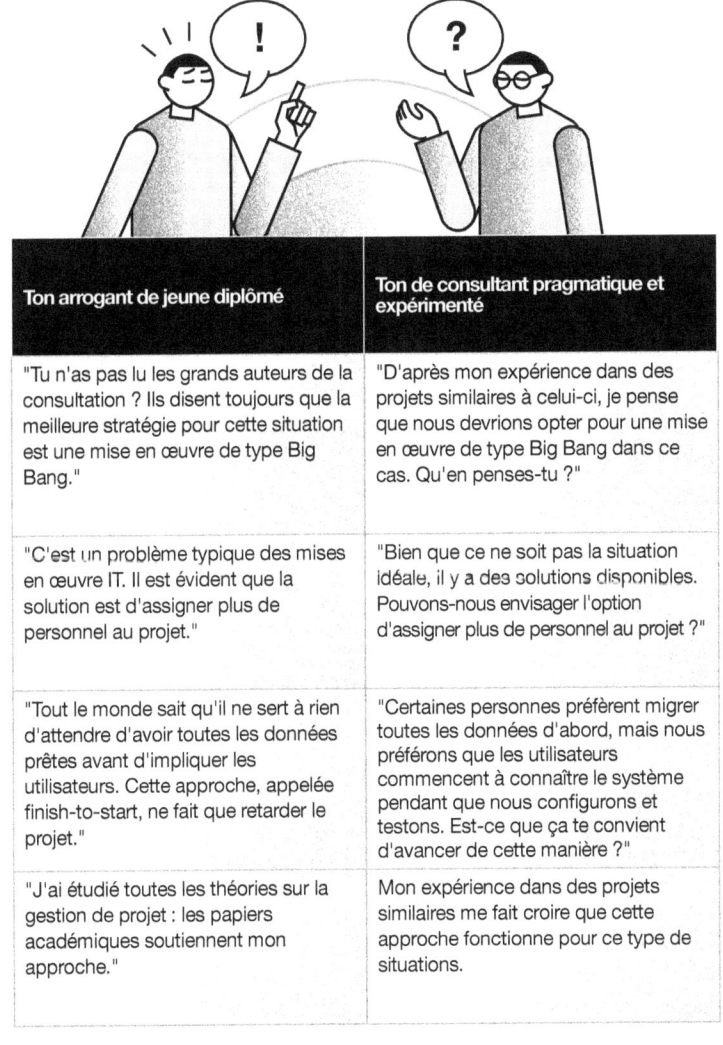

Ton arrogant de jeune diplômé	Ton de consultant pragmatique et expérimenté
"Tu n'as pas lu les grands auteurs de la consultation ? Ils disent toujours que la meilleure stratégie pour cette situation est une mise en œuvre de type Big Bang."	"D'après mon expérience dans des projets similaires à celui-ci, je pense que nous devrions opter pour une mise en œuvre de type Big Bang dans ce cas. Qu'en penses-tu ?"
"C'est un problème typique des mises en œuvre IT. Il est évident que la solution est d'assigner plus de personnel au projet."	"Bien que ce ne soit pas la situation idéale, il y a des solutions disponibles. Pouvons-nous envisager l'option d'assigner plus de personnel au projet ?"
"Tout le monde sait qu'il ne sert à rien d'attendre d'avoir toutes les données prêtes avant d'impliquer les utilisateurs. Cette approche, appelée finish-to-start, ne fait que retarder le projet."	"Certaines personnes préfèrent migrer toutes les données d'abord, mais nous préférons que les utilisateurs commencent à connaître le système pendant que nous configurons et testons. Est-ce que ça te convient d'avancer de cette manière ?"
"J'ai étudié toutes les théories sur la gestion de projet : les papiers académiques soutiennent mon approche."	Mon expérience dans des projets similaires me fait croire que cette approche fonctionne pour ce type de situations.

Quand tu parles d'un point de vue théorique, évite de mentionner la théorie spécifique. Ne sonne pas comme un étudiant de première année qui vient de découvrir son nouveau concept favori. Au lieu de cela, utilise une approche pratique. Il est toujours préférable de dire : "Certaines personnes préfèrent..." plutôt que d'utiliser un langage théorique complexe. Cela te permet de partager des connaissances précieuses sans paraître prétentieux.

De plus, montre un intérêt authentique pour le sujet pendant la conversation. Écoute attentivement ce qu'on te dit au lieu de penser à ce que tu pourrais répondre pour paraître intelligent. Faire preuve de curiosité et poser des questions ne te fait pas paraître moins informé, mais plutôt engagé dans le sujet spécifique.

Un allié stratégique : ton chef de projet

D'où vient le rôle du consultant ? Peut-on penser à des rôles similaires tout au long de l'histoire ?

Depuis les débuts de l'humanité, il y a toujours eu de grands leaders - empereurs, militaires, chefs d'État - qui avaient besoin de conseils pour prendre des décisions dans des moments complexes. La plupart d'entre eux comptaient sur un bras droit, une personne expérimentée en qui ils avaient confiance pour obtenir un second avis.

Pensons à des figures telles que le cardinal Richelieu ou Grigori Raspoutine, qui manœuvraient en coulisses pour exercer une influence politique dans leur environnement. Richelieu, bien qu'il ne fût pas roi, était le confident le plus proche du monarque français, Louis XIII, et tirait les ficelles pour influencer les décisions royales, comme un architecte silencieux de la France du XVIIe siècle. Raspoutine, d'autre part, était un mystique et conseiller du tsar Nicolas II de Russie au début du XXe siècle. Il n'occupait pas de poste officiel dans le gouvernement, mais avait une connexion profonde avec la famille royale russe. Ses conseils et prédictions avaient une influence immense sur la tsarine Alexandra et, à travers elle, sur le tsar et les décisions impériales. Les paroles de ces deux personnages historiques avaient un poids énorme sur ceux qui prenaient les décisions finales dans des questions d'importance nationale. D'une certaine manière, nous pouvons dire qu'ils jouaient un rôle de "consultants", offrant des solutions à leurs confidents.

Mais comment ces personnes sont-elles parvenues à un tel niveau d'influence ? Nous pouvons dire que ce qui les a propulsés était justement leur proximité avec ceux qui détenaient le pouvoir, qui leur faisaient confiance pour les guider.

Comment fonctionne cette dynamique de pouvoir dans le conseil ? Bien que le client règne souvent à l'extérieur de l'entreprise, ceux qui détiennent le pouvoir interne sont toujours les chefs de projet. Il est important de le savoir, car ton degré d'influence en tant que consultant sera mesuré par ta proximité avec cette personne. Le chef de projet est dans une position de leadership qui peut propulser ta carrière professionnelle ou, dans le pire des cas, la freiner. Pour avoir un impact significatif dans ton travail, tu devras comprendre les besoins de ton manager ou project manager et les traduire en actions efficaces.

La clé est la suivante : pense à ton chef de projet comme à ton client interne, celui qui décide qui fait quoi et quand. C'est lui qui a les clés de la voiture élégante, et tu veux être au volant. Si ton chef de projet a confiance en toi, il peut s'assurer que tu sois affecté à des projets très visibles et couronnés de succès. En arrivant à la fin de tes deux premières années, la dernière chose que tu souhaites est un projet raté qui freine ta progression.

C'est pourquoi il est essentiel que tu deviennes le consultant vers qui ces chefs de projet se tournent pour résoudre des problèmes et proposer des solutions. Ce lien est le billet d'or pour ta croissance professionnelle. Apprends à comprendre leurs besoins et attentes, et sois proactif dans la recherche d'opportunités pour contribuer.

Prêt à devenir le confident de ton chef de projet ? Voici quelques conseils pour renforcer cette relation.

Ne crée pas de problèmes, résous-les

Si tu veux qu'un chef de projet te fasse confiance, avant tout, ne lui présente pas de problèmes inutiles. Les chefs de projet mesurent le succès différemment et sont stressés par des choses différentes de celles qui te stressent. Ce qui les intéresse vraiment, ce n'est pas tant la solution en elle-même, mais plutôt d'éviter les problèmes avec le client. Ils veulent pouvoir répondre à toutes les questions concernant les délais et le budget, et te laisser gérer toutes les questions liées à la solution.

Parfois, il est inévitable qu'un problème surgisse et que tu doives lever la main pour les en informer. Mais si c'est le cas, essaie de le faire le plus tôt possible et prépare à l'avance une solution possible. Par exemple, si lors d'un appel avec un client tu réalises que ce dernier se plaint de dépassement de budget, envoie un message à ton chef de projet disant : "Il est possible que ce client nous contacte à propos d'un dépassement de budget. Nous pourrions réduire les coûts en enlevant cette partie du projet. Mais nous pourrions aussi argumenter en faveur de son maintien en disant ceci...". De cette manière, tu justifies l'allocation des ressources, mais tu donnes des options au chef de projet au cas où le client insisterait pour réduire les coûts. Il est important de trouver un équilibre entre tes priorités et celles du chef de projet, qui ne coïncident pas toujours, comme nous le verrons ci-après.

Quand céder et quand être flexible

Il y a un conflit inhérent dans la relation entre consultants et chefs de projet, découlant du choc entre deux perspectives différentes. En tant que consultants, notre focus est souvent sur la qualité et l'expérience client, et non tant sur les ressources investies pour l'obtenir. D'un autre côté, les chefs de projet sont responsables de respecter des délais et des budgets stricts ; ils font face à la pression constante d'équilibrer les ressources et les coûts sans compromettre la satisfaction du client.

Cette dynamique crée des tensions naturelles : les consultants cherchent la perfection dans la livraison finale, tandis que les chefs de projet s'efforcent de maintenir l'équilibre entre temps, coût et qualité. Examinons en détail comment ces deux perspectives diffèrent.

Variable	Perspective du consultant	Perspective du chef de projet
Temps	Parfois, il faut étendre les délais pour un meilleur résultat.	Il faut toujours respecter les délais et les échéances strictes.
Qualité	La qualité a la priorité et se reflète directement dans l'expérience et la satisfaction du client.	La qualité est importante, mais toujours dans le respect des délais et des budgets définis dans le contrat.
Budget	Le budget n'est pas si pertinent à moins qu'il affecte la portée ou la qualité du travail.	Le budget est prioritaire, car il faut maintenir les coûts dans les chiffres estimés.
Ressources	Il faut les meilleures ressources pour obtenir le meilleur résultat.	Il faut assigner les ressources efficacement, même si cela signifie compromettre la qualité.
Feedback du client	Le feedback du client affecte directement la réputation du consultant et ses travaux futurs.	Le feedback du client est important, mais les contraintes de l'équipe et du budget le sont également.
Portée	On peut étendre la portée du projet (le contenu et les processus qu'il couvre) si cela signifie une plus grande satisfaction du client.	Il vaut mieux maintenir le projet dans la portée originale pour gérer le temps et le budget.

Il est bon de savoir quand affirmer ton expertise et quand il est crucial de maintenir une position ferme. Dans certains cas, où la qualité du projet est compromise ou où tu es proche du burnout en raison d'une mauvaise attribution des tâches, il est utile de se tenir ferme. Voici quelques exemples :

- Exemple 1 : ton chef de projet veut réduire les contrôles de qualité pour respecter un délai. Tu affirmes que cela créerait des risques qui dépassent les avantages et tu insistes pour effectuer au moins les tests minimaux.
- Exemple 2 : le projet prend une direction clairement contraire aux meilleures pratiques. Tu présentes au chef de projet un cas étayé par des données et te réfères à ton expérience pour influencer la décision.
- Exemple 3 : tu es constamment surchargé de tâches. Au lieu de l'accepter et de finir épuisé, tu parles avec ton chef de projet et proposes un plan pour redistribuer les tâches afin d'obtenir de meilleurs résultats.

Il faut aussi savoir quand céder pour le bien supérieur du projet ou quand ton combat n'en vaut pas la peine. Voici quelques exemples de ces cas :

- Exemple 1 : le chef de projet insiste pour utiliser un outil spécifique que tu n'aimes pas, mais qui est un standard de l'entreprise. Tu cèdes parce que la dispute ne vaut pas l'interruption potentielle du flux de travail.
- Exemple 2 : deux tâches ont la même importance, mais tu ne peux te concentrer que sur l'une d'elles. Le chef de projet décide pour toi. Au lieu de résister, tu respectes son choix final dans la définition des priorités.
- Exemple 3 : tu as un petit désaccord avec ton chef de projet sur le calendrier du projet, mais après avoir évalué l'ensemble de la situation, tu trouves que cela n'affectera pas gravement le résultat. Tu choisis de céder pour maintenir le projet en mouvement.

Rappelle-toi : conserve ton énergie pour les discussions qui comptent. Lorsque tu fais du sport, il n'est pas rare de rencontrer un entraîneur incompétent (ou du moins un dont tu ne partages pas du tout la vision). Dans ces cas, quelle est la meilleure façon d'influencer cet entraîneur ? Lui dire quoi faire dès le début ? Non, évidemment pas. Si tu fais cela, ton entraîneur peut se mettre sur la défensive, sentant que tu veux prendre sa place. En revanche, si tu permets à l'entraîneur d'essayer d'abord son approche, il est plus facile de suggérer ensuite des améliorations en privé, comme un feedback constructif. Par exemple, proposer des changements à certains joueurs parce que tu les as vus fatigués sur le terrain à la fin du match. La clé pour que tes conseils soient écoutés réside dans la manière dont tu les donnes, sans discréditer l'autorité de l'autre.

Si ton chef de projet est content de toi, il sera plus facile pour lui de prendre en compte ton opinion sur les sujets qui comptent. C'est pourquoi tu ne dois pas gaspiller ton temps à te battre, mais te concentrer toujours sur les solutions possibles.

Faire fructifier ton temps libre

Nous avons tous besoin de temps à autre de faire une pause, je ne le nie pas. Mais il y a des périodes creuses qui présentent des opportunités clés pour te démarquer. Alors… profite de ces vacances et fais-les travailler en ta faveur !

Si tu travailles dans une entreprise avec des affaires internationales, il y aura des jours où ton entreprise travaillera tandis que tes clients seront en congé. Utilise ces jours calmes pour te concentrer sur des projets personnels ou des tâches qui normalement n'auraient pas la priorité. Nul besoin de le faire seul, invite tes collègues à participer! Prends l'initiative et sois une influence positive au bureau, celle qui mobilise les autres à continuer d'apprendre avec toi.

Si tu étudies pour obtenir une certification, tu peux organiser un groupe d'étude avec tes collègues. Cela te fera te démarquer et les managers de tes collègues te connaîtront de manière positive. Il est bon que ton nom circule dans d'autres secteurs et qu'il soit mentionné par les leaders comme quelqu'un qui ne reste jamais inactif.

Si tu essaies d'apprendre une nouvelle compétence ou fonctionnalité, profite de ce temps libre pour créer quelque chose de concret que tu peux partager. Par exemple, rédige un guide d'étude, un manuel sur une nouvelle fonctionnalité, une session de partage de connaissances ou un guide d'implémentation.

La même stratégie s'applique pour les mois calmes et de moindre activité. En Amérique du Nord, la période la plus chargée coïncide avec le calendrier scolaire : le secteur du conseil en TI est plus occupé entre septembre et début décembre, et entre fin janvier et fin juin. En Amérique latine, le rythme a tendance à ralentir autour de Pâques et de Noël. Utilise ces périodes d'inactivité, où tu disposes de plus de temps, pour faire ces choses que tu ne pourrais pas faire quand tu es débordé de travail. Ne te prive pas de repos, mais essaie d'avancer chaque jour un peu sur une tâche que tu trouves utile et nécessaire.

Te préparer pour le débarquement

Nous voici à la fin du parcours ! Il est temps de voir jusqu'où tu es allé et ce qui t'attend dans les prochaines étapes.

La première chose à faire une fois que tu as terminé ton parcours de junior à sénior est d'évaluer ta position actuelle dans l'entreprise pour voir si elle correspond à ce que tu attendais de ta stratégie de sortie (nous avons défini cette stratégie dans la section "La déclaration de vision", au chapitre 1). Ne t'inquiète pas si tu te rends compte que certaines choses ont changé ; comme tout dans la vie, c'est normal que cela évolue avec le temps.

Il se peut que tu sois encore content de ton entreprise actuelle et que tu y vois encore des opportunités de progression et de reconnaissance, et que tu décides de rester. C'est une option tout à fait valide. Une autre option, si tu remarques que tu as atteint un plafond qui te limite, peut être de chercher de nouvelles opportunités en dehors de ton entreprise, de nouveaux horizons.

Que tu décides de rester ou non dans ton entreprise actuelle, je te recommande de rédiger une nouvelle déclaration de mission et de vision pour les 2-5 prochaines années, en partant de ta stratégie actuelle de sortie et en projetant où tu te vois dans le futur. Après cette étape, tu peux revenir à la démarche que nous avons développée au premier chapitre et renouveler tes bases. Tu devras répéter le même processus : évaluer les entreprises, trouver celles qui s'alignent avec ta mission et ta vision, etc. Pour cela, tu peux revoir le chapitre 1 avec le nouveau scénario qui se présente à toi.

Comme tu le vois, la croissance dans ta carrière est un processus cyclique. Ce que tu as appris dans ce livre t'aidera non seulement à court terme, mais est également applicable à chaque étape de ta carrière professionnelle. Essaie maintenant de le mettre en pratique pour passer de sénior à gestionnaire en un temps record !

Souviens-toi, ton voyage vers le succès est en constante évolution, alors continue d'avancer et conquiers tes rêves !

Remerciements

Tout d'abord, je souhaite exprimer ma plus profonde gratitude à mes mentors et collègues professionnels, dont l'orientation, les perceptions et l'inspiration ont été essentielles pour le contenu de ce livre. Leur sagesse et expérience ont été des phares dans mon voyage.

Un remerciement spécial à Francis, qui, lors d'un déjeuner décontracté chez Pharmascience fin 2015, a découvert mon affinité avec l'informatique et m'a offert ma première grande opportunité de briller. À Guillaume, pour m'avoir donné ma première (et aussi ma deuxième et quatrième opportunité si je suis honnête) en conseil, sa confiance en moi a été inestimable. À Matt, qui a cru en moi et m'a aidé à réaliser mon rêve de travailler hors du Canada.

Je ne peux pas oublier de mentionner mes amis et ma famille, dont le soutien émotionnel et les encouragements ont été des piliers dans ce processus. Mariana, merci de me pousser à être la meilleure version de moi-même chaque jour ; je te dois encore un churro, j'espère que nous pourrons bientôt en profiter. À Camilo, pour m'avoir indiqué la bonne direction pour vraiment mener à terme le projet de ce livre.

Enfin, ma reconnaissance à Sofía, Paula et Ignacio pour leur aide inestimable dans la création de ce livre. Leur dévouement, talent et créativité ont été cruciaux à chaque étape du processus éditorial.

À tous, merci d'avoir fait partie de ce voyage et de m'avoir aidé à transformer un rêve en réalité.

www.ingramcontent.com/pod-product-compliance
Lightning Source LLC
Chambersburg PA
CBHW071943210526
45479CB00002B/801